Ute Jäger mit Bettina Klee

Mein unglaubliches Leben mit einem Mann, der sein Gedächtnis verlor und nach 25 Jahren wiederfand

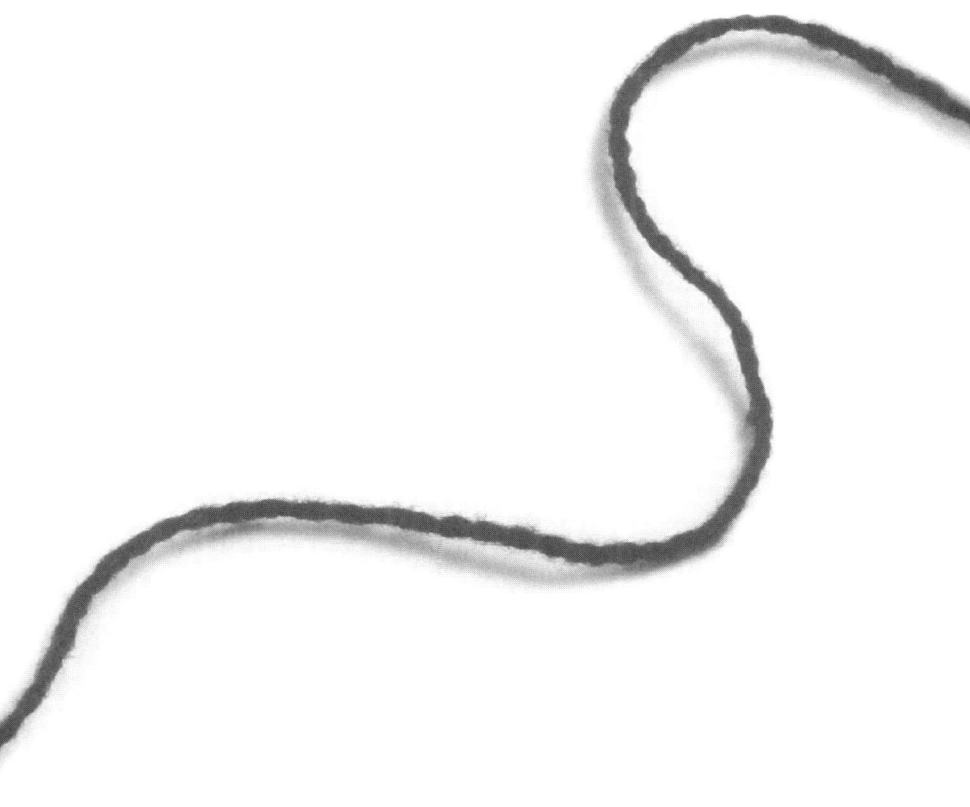

adeo

Für unsere Töchter Sara, Delia und Timna,
unsere Enkeltochter Amelina Thatayame und
die Enkelkinder, die noch kommen werden,
sowie unsere Schwiegersöhne Timm und Steffen.

Und für all diejenigen, die Mut brauchen,
um wieder aufzustehen und weiter zu gehen ...

Ute und Theobald R. Jäger

Inhalt

1
Zwei wie Pech und Schwefel

Wenn das Glück sich unfassbar anfühlt, wenn die Vorfreude auf den nächsten Tag und all das, was vor einem liegt, durch den Körper kribbelt, mischt sich manchmal, ganz leise, ein banger Gedanke in das Staunen darüber, so reich vom Leben beschenkt zu sein: Es kann nicht sein, dass ich so glücklich bleibe. Irgendetwas wird passieren. Dieses wunderschöne, pralle Leben ist nicht von Dauer.

Die unglaubliche Geschichte von Ute und Theo Jäger beginnt genau an diesem Punkt. Ihr Leben ist so ausgefüllt und rund, sie sind so glücklich miteinander und schauen mit diesem zuversichtlichen Selbstbewusstsein in die Zukunft, wie man es nur selten im Leben hat. Dass diese geballte Ladung Glück nicht der Normalzustand ist, wissen sie, auch wenn sie noch jung sind. Doch gerade weil sie so jung sind, sind sie sicher: So wird es weitergehen, wir werden alles im Leben gemeinsam meistern. Warum auch nicht?

Ute *Ein Sonntagnachmittag im Mai 1982. Theo ist 25, ich ein Jahr jünger. In unserem alten roten Passat Variant fahren wir durch die sanften Hügel des Solling im Weserbergland. Die zwei für mich wichtigsten Menschen dieser Erde befinden sich in diesem Wagen. Mein Mann und unsere Tochter. Eine warme Welle von Glücksgefühlen überschwemmt mich. Nun sind wir schon über drei Jahre verheiratet, seit sieben Jahren ein Paar und es geht uns so gut. Der Frühling ist spät dran, doch jetzt scheint die Sonne von einem wolkenlosen Himmel, die Bäume tragen endlich wieder Knallgrün. Ich atme tief*

durch, will mich auffüllen mit dieser sauberen Frische. Diesen Augen-
blick möchte ich jetzt anhalten, besser noch festhalten können. Ich
bin einfach nur glücklich und könnte vor Übermut explodieren.

Dass die verschwenderische Naturpracht sie schon 24 Stunden
später regelrecht anwidern wird, ist im Moment unvorstellbar.
Und doch hat Ute seit Wochen eine Vorahnung, es könne mit
ihrem großen Glück von jetzt auf gleich vorbei sein. Immer
wieder schreckt sie nachts aus demselben bedrohlichen Traum
hoch: Nägel, Unmengen von Stahlnägeln, stürmen auf sie zu,
von allen Seiten. Noch bevor der Schmerz sie treffen kann,
wacht sie schweißgebadet auf. Und versucht, sich mit Aller-
weltsparolen zu beruhigen – irgendeine unbewusste Angst, davon lässt man sich nicht die Lebensfreude verderben.

Theo hatte vor ein paar Tagen ein komisches Gefühl im linken Arm, nicht wirklich taub, aber manchmal kann er ihn nicht
richtig bewegen. Er beschließt, das mal einem Arzt zu zeigen.
Doch an diesem Wochenende, mit Frau und Kind, denkt er
schon nicht mehr daran.

Sie sind ein auffälliges Paar, allein wegen des Größenunter-
schieds. Theo überragt seine zierliche kleine Frau um mehr
als 30 Zentimeter. Es war eine ziemliche Überraschung für die
Klassenkameraden damals in der Zehnten, dass ausgerechnet
diese beiden sich fanden.

Ute *Theo war ein Jahr älter und hatte seine Clique außerhalb der*
Schule. Als er dennoch zu einer Klassenfete kommt, prahle ich ge-
rade mit ein paar Jungs um die Wette, wer das PS-stärkste Klein-
kraftrad hat. Meine nagelneue Yamaha und ich sind offensichtlich
die Schnellsten in der Runde. Wir schaffen 110 Kilometer pro Stunde
ohne „frisiert" zu sein. Da setzt sich Theo zu uns. Es wundert mich,
dass er mitmischen will, sonst steht er meist wie ein Baum da und
macht einen überlegenen Eindruck. Ein bisschen wie ein Indianer-
häuptling: groß, breitschultrig, dunkle, schulterlange Haare. Das

hat was. Insgeheim haben wir Mädchen uns auch schon gefragt, was dieser coole Typ in seiner Freizeit so treibt. Noch überraschender kommt seine Frage: „Hast du Lust zu tanzen?" Ich bin sprachlos: „Wie, ich?", rutscht es mir heraus. Meint der das wirklich ernst? Wie sieht das denn aus, ich habe doch gerade erst die 1,50 Meter-Marke überschritten. Offenbar schon, denn er steht wartend vor mir. Wir gehen zur Tanzfläche, er nimmt mich in den Arm und wir bewegen uns ganz langsam zur Musik von Santana. Können gar nicht mehr aufhören. Etwas Feines, Zärtliches geht von ihm aus. Etwas, das ich vorher so noch nicht an ihm bemerkt habe. Lange habe ich mich nicht so beschützt und geborgen gefühlt.

Ganz so zielgerichtet, wie er auf Ute wirkt, ist Theo nicht. Schließlich weiß er, dass er nicht der einzige Junge in der Klasse ist, dem Ute gefällt. Sie ist zwar winzig, aber unerschrocken. Sagt ihre Meinung, ist Klassensprecherin, dennoch keine von den Vorlauten. Theo strotzt keinesfalls vor Selbstbewusstsein. Er hält sich lieber zurück, auch wenn er zu vielem eine Meinung hat. Von seinem Glauben zum Beispiel weiß niemand etwas, dass er sonntags in den Gottesdienst der kleinen Baptistengemeinde geht und zuvor mit dem Auto die Rentner aus den entfernteren Regionen abholt. Dabei versucht er, sich möglichst unauffällig zu verhalten, denn er weiß, dass Utes beste Freundin neben dem Gotteshaus wohnt. Und die soll ihn auf keinen Fall mit Kirche in Verbindung bringen.

Theo   Ute ist echt ein niedliches Mädchen, so klein und zart, aber überhaupt nicht schüchtern. Sie bewegt sich so ganz anders als die anderen Mädchen, das fiel mir sofort auf, als ich vor einem halben Jahr in ihre Klasse kam. Und wenn sie auf ihrer Yamaha sitzt, hat sie auch etwas herrlich Wildes. Jetzt ist es Ende Januar 1975 und ich bin zu Fuß auf dem Weg in eine Disco, in der ich mich immer mit meiner Clique treffe. Alles Jungs von außerhalb der Schule. Ich komme an der Kirche vorbei, in deren Keller gerade die Halbjahres-Party läuft. Irgendwie interessiert es mich ja doch, wie meine Klassen-kameraden feiern. Laute Musik dröhnt bis nach draußen. Ich gehe hinein und wen sehe ich als Erstes? Ute! Jetzt ist klar, dass ich bleibe. Wann, wenn nicht heute, kann ich ihr endlich näherkommen? Denn genau das habe ich schon eine ganze Weile vor. Seit einigen Wochen sitzt sie im Unterricht schräg vor mir. Ich bin ständig abgelenkt, weil mein Sitznachbar ununterbrochen von ihr schwärmt – und weil sie auch mir ziemlich gut gefällt. Jetzt sitzt sie da, umgeben von ande-ren Jungs. Unerreichbar. Ich hole mir ein Bier, setze mich, ohne Ute aus den Augen zu lassen, und richte mich in meinem Nichtstun ein, bis mir klar wird: Jetzt oder nie. Ohne weiter nachzudenken, gehe auf sie zu und frage, ob sie mit mir tanzen will. Sie ist irgendwie erstaunt und scheint nicht sicher, ob ich tatsächlich sie meine. Doch sie geht mit. Sie spielen ein ziemlich langsames Stück von Santana. Als wir tanzen fällt mir sofort auf, wie leicht sie ist, wie eine Feder. Sie bewegt sich fast schwebend, wie eine Elfe, ganz zart. Wow! Das haut mich um. Ich bekomme nichts mehr um uns herum mit. Aber ich schaffe es noch, wie auch immer, ihr zu sagen, wie gut sie mir gefällt. Viel zu schnell geht das Licht an und die Party ist vorbei. Ich bringe sie nach Hause, sie zeigt mir die Fenster ihrer Wohnung, dann geht sie. Auf meinem Heimweg komme ich an einem Bistro vorbei, in dem noch einige meiner Freunde sind. Sie fragen, was mit mir los sei, ich sei so komisch. Ich antworte: „Könnte gut sein, dass ich gerade die eine ken-nengelernt habe."

Tags drauf verabreden sich Ute und Theo fürs Kino – „Zwei wie Pech und Schwefel" mit Bud Spencer und Terence Hill läuft, ein Kultfilm damals, 1975. Heute, in der Rückschau, finden bei-de, der Titel könne auch als Motto über ihrer Partnerschaft ste-hen; aber damals, an jenem Winterabend, ist der Klamaukstrei-fen schlicht der Rahmen für ihr erstes Date. Ab jetzt sind sie ein Paar. Richtig Tiefgang bekommt ihre zarte Liebe dann ein paar Monate später. Als Theo Ute auf dem Klavier eine Ballade vor-spielt, den Titelsong aus „Love Story". Im Nachhinein erscheint auch das beinahe prophetisch – keine alberne Schmonzette, sondern ausgerechnet das Lied des Erich-Segal-Melodramas, in dem eine tödliche Krankheit das Glück eines jungen Liebespaares zerstört.

Theo   *Es ist Samstagnachmittag. Wir sind allein im Haus meiner Eltern. Es ist das erste Mal, dass Ute etwas anderes von meinem Zuhause sieht als mein Zimmer im Souterrain. Während ich in der Küche Kuchen schneide und Kaffee koche, entdeckt Ute im Wohnzimmer mein Klavier. Natürlich will sie unbedingt, dass ich etwas spiele. Wie komme ich jetzt aus der Nummer raus? Ich habe seit Jahren keinen Unterricht mehr, das kann nur peinlich enden. Aber sie lässt sich nicht mit Ausreden abspeisen, also setze ich mich und spiele ein Stück, für das ich nie Noten gesehen habe: „Love Story". Der Film hatte mich vor ein paar Jahren schwer beeindruckt und ich habe mir den Titelsong selbst beigebracht, in meiner ganz eigenen Version.*

Ute   *Ich wundere mich, dass Theo mir gar nicht erzählt hat, dass er Klavier spielt. Ich muss ziemlich lange betteln, bis er endlich, zögerlich, seine Hände auf die Klaviatur legt. Vom ersten Ton an bin ich gebannt, seine langen Finger gleiten über die Tasten. Die Melodie erkenne ich sofort – „Love Story". Schokolade unter Wärmezufuhr könnte nicht schneller schmelzen. Der satte Klang des alten Instruments, ausgerechnet dieses Lied – das ist zu viel für mich, zu überraschend. Mir wird heiß, ich löse mich auf, fließe dahin. Völlig überwältigt – von der Musik, aber auch davon, dass dieser coole Indianerhäuptling so ein zärtliches Lied spielt – nur für mich. So etwas habe ich noch nie erlebt. Ich weiß nicht, was gerade mit mir geschieht. Hätte mir eine Freundin von solch einem Erlebnis berichtet, hätte ich sie als hoffnungslos romantisch ausgelacht. Ich stehe hinter ihm. Nach dem letzten Takt dreht er sich auf dem Klavierhocker um. Wir sind auf Augenhöhe. Ich nehme ihn in den Arm und versuche gar nicht mehr, cool zu sein. „Das war total schön. Jetzt bin ich ziemlich platt."*

Ab diesem Tag ist etwas anders. Als legten wir beide unsere Fassade ab. Wir gehören zu der Generation, die ohne Sicherheitsgurt, Kindersitz und Airbag aufwuchs. Niemanden interessierte, wie viel Gift in dem Spielzeug steckte, mit dem wir spielten. Wurde es kalt, drehte man die Heizung nicht höher, sondern zog sich einfach wärmer an. Gebadet wurde einmal die Woche, dann feuerte die Mutter den Heizofen im Bad an und alle mussten in die Wanne. Wir spielten draußen, bis es dunkel wurde, auch im Winter. Waren die überfluteten Wiesen im Winter gefroren, testete kein TÜV, ob uns das Eis tragen würde. Das machten wir selber. Brach man ein, schleppte man sich in klatschnassen, kalten Klamotten auf dem Körper durch die eisige Luft nach Hause. Das prägt. Aber in diesem Moment, hier mit Theo, merke ich, dass ich nicht mehr zwingend so cool sein möchte. Mein Herz hat das Bedürfnis, Gefühle zu spüren und zu zeigen. Gegenüber Theo habe ich keine Angst, mein Inneres preiszugeben. Er, der immer so unbeeindruckt, stark und standfest wirkt, lässt mich jetzt seine zarte, verletzliche Seite sehen. Das soll so bleiben, ich wünsche mir, dass diese Offenheit für Gefühle zu einem Teil unserer Beziehung wird. Wir sprechen es nicht aus, wissen aber beide, dass heute etwas anders geworden ist zwischen uns. Schöner. Tiefer. Ehrlicher.

Vier Jahre später, im Januar 1979, heiraten Ute und Theo. Sie sind ganz sicher, den Rest des Lebens miteinander gehen zu wollen. Ihren Traupastor haben sie zuvor mit vielen Fragen bestürmt. Ob sie vielleicht zu jung sind für die Ehe? Was sie tun können, um sich nicht auseinanderzuentwickeln? Würde es problematisch sein, dass Theo noch einige Jahre studieren und deshalb kein Einkommen haben würde? Bedenken über Bedenken. Doch die Sicherheit, gemeinsam durchs Leben gehen zu wollen, bleibt. Sie sind während ihrer Ausbildungen räumlich getrennt, aber ihre gemeinsame Lust, die Welt und das Leben zu entdecken, trägt sie. Knapp zwei Jahre später, im Dezember 1980, kommt ihre Tochter Sara zur Welt.

Ute *Hinten im Wagen sitzt Sara. Wie immer, sobald der Motor läuft, schläft sie. Theo und ich sprechen über das Fest, von dem wir gerade kommen, und planen die nächsten Wochen. Über Pfingsten wollen wir ein paar Tage mit Freunden verreisen. Ach, wir haben so viele Pläne! Theo hat nach der Ausbildung zum Fernmeldehandwerker sein Abitur nachgeholt, studiert jetzt in Göttingen Physik. Ich arbeite als Industriekauffrau in einem Holzbetrieb in Höxter. Vielleicht werde ich auch noch das Abi nachholen, wenn Theo mit der Uni fertig ist. Mal sehen. Diesen Sommer wollen wir an den Wochenenden viele Fahrradausflüge machen. Endlich haben wir ein Peugeot-Rennrad gefunden, dessen Rahmengröße für meine 1,52 Meter passt. Und Theo hat einen Kindersitz montiert.*

Als die kleine Familie zu Hause in Höxter ankommt, schläft Sara tief und fest. Dann geht sie eben einfach mal ohne Brei ins Bett. Schnell noch eine frische Windel, danach haben Theo und Ute den Abend für sich. Normalerweise müssen sie sich sonntags verabschieden, weil Theo nach Göttingen fährt, doch morgen hat er in Höxter einen längeren Zahnarzttermin mit Narkose, deshalb bleibt er. „Das Gute an der OP ist, dass ich ein paar Tage länger bei euch bin", stellt Theo zufrieden fest.

Am nächsten Tag wird sich ihr Leben radikal verändern, doch in diesem Moment inniger Zweisamkeit verfliegen alle bösen Vorahnungen. Die Unbeschwertheit dieses schönen Tages, das Glück als Paar, bleibt beiden als Erinnerung auf den getrennten Wegen, die sie ab morgen gehen werden, und trägt sie durch das, was jetzt kommt.

2
Ein Montag im Mai

Der Tag beginnt routiniert, Handgriffe und Abläufe sind eingespielt. Gerade, weil sich in ihrem Alltag inzwischen so etwas wie Routine eingestellt hat, sind Ute und Theo glücklich. Alles ist geordnet und sicher; nichts steht infrage. Was für ein großes Glück das sein kann, wird erst am Abend wirklich klar.

Sara krabbelt durch die Wohnung, sitzt beim Frühstück in ihrem Hochstuhl, brabbelt fröhlich vor sich hin und versucht, die klein geschnittenen Brotstücke selbst in ihr Schnütchen zu stopfen. Sie weiß sich der Aufmerksamkeit ihrer Eltern sicher, die ihr Gespräch unterbrechen, sobald sie einen Mucks macht. „Toll, Sara!", loben sie ihre Tochter, wenn wieder ein Happen unfallfrei in ihrem Mund landet. Das ist das Privileg der Erstgeborenen: Ich bin das große Glück von Mama und Papa, das wichtigste Wesen auf der Welt, ihr Fixstern, um den alles kreist. Saras Sicherheit ist ein wohliges Gefühl, das sie so für die nächsten Jahre nicht mehr erleben wird. Denn ab jetzt wird im familiären Miteinander immer auch die Sorge um Theo mitschwingen. Mamas Blick ist nicht mehr permanent stolz auf die Tochter gerichtet, sondern immer wieder bekümmert auf den Papa.

Ute startet schwungvoll in diesen Tag, das ist ihre Art. Kind anziehen, Frühstück, dann Sara zu den Großeltern bringen – mit den Gedanken ist sie schon beim Job. Und am Nachmittag will sie zeitig Feierabend machen, um Theo nach seiner Zahn-OP ein bisschen zu umsorgen. Der Alltag geht ihr leicht von der Hand. Auch wenn Theo unter der Woche in Göttingen ist.

Klein, aber tatkräftig, das ist Ute Jäger. Und seitdem sie Theo
kennt, lebt sie auch getragen von dem Gefühl, richtig zu sein,
so wie sie ist, und angekommen zu sein in dem Leben, das sie
führen möchte.

Theo trinkt seinen Kaffee, scherzt mit Sara, wischt ihr zwischendrin ein bisschen Marmelade von der Wange. Standard-
verabschiedung: ein Kuss für Ute, ein Kuss für Sara, noch mal
winken. Dann geht er ins Wohnzimmer, setzt sich dort an den
Tisch, nimmt seine Bibel und liest. Das ist für ihn ein Moment
des Innehaltens, so macht Theo das jeden Tag. In jungen Jahren hat er zwar auch mal ein bisschen mit dem Glauben, den
seine Eltern ihn gelehrt hatten, gefremdelt, aber seitdem auch
Ute mit in die Gemeinde geht, ist seine Verbindung zu Gott
ebenfalls wieder stärker geworden. Theo ist gern derjenige, der
die Familie beschützt. Sich sorgt und kümmert und mit den be-
scheidenen Mitteln, die sie haben, die erste gemeinsame Wohnung für sie drei schön macht. Zweieinhalb Zimmer unterm
Dach. Dass Ute derzeit die Ernährerin ist, bedrückt ihn manchmal. Muss sie zu viel Last tragen, weil er sich den Luxus des
Studiums leistet? Und was ist, wenn ihm mal was passiert? Er
hat zwei Lebensversicherungen abgeschlossen, die Unterlagen liegen in einem der Holzregale. Das Studium hatte er sich
leichter vorgestellt, es gibt Vorlesungen, in denen er so gut wie
nichts versteht. Aber das geht seinen Kommilitonen auch so.
Und wenn er sich, so wie in den vergangenen Wochen, in einer
Aufgabe festbeißt, dann bekommt er sie auch gelöst. Den Ma-
the-Schein für dieses Semester hat er damit schon in der Ta-
sche.

Alle Lebensentwürfe, Wertigkeiten und Sicherheiten der kleinen Familie werden am Abend erschüttert. Die Anspannung,
unbedingt pünktlich bei der Arbeit aufzuschlagen, erscheint
plötzlich nichtig, die Möglichkeit, morgens gemeinsam zu

frühstücken, dafür als ein kostbares Gut. Was als Nächstes passiert, weiß Theo nicht mehr. Offenbar geht er zum Zähneputzen ins Bad und bricht dort zusammen. Bis ihn Ute findet, vergehen sieben Stunden. Sieben Stunden, in denen sich ihr mulmiges Gefühl zu der Gewissheit steigert: Es ist etwas passiert!

Ute   Ich packe Sara ins Auto, um sie zu den Großeltern zu bringen, und fahre weiter ins Büro. Kurz nach acht Uhr ruft mich die Zahnarzthelferin an und fragt, wo mein Mann bleibt. Ich sage ihr, dass er jeden Moment eintreffen müsse. Als ich nichts mehr von der Arztpraxis höre, gehe ich davon aus, dass Theo inzwischen dort angekommen ist. Dennoch – irgendwie bin ich unruhig. Zwei Stimmen streiten in meinem Kopf. Die eine sagt: Fahre nach Hause! Die andere: Warum solltest du, es ist alles in Ordnung. Gegen Mittag rufe ich zu Hause an, Theo müsste längst wieder da sein, doch er hebt nicht ab. Ob er sich schlafen gelegt und das Telefon leise gestellt hat? Um 15 Uhr halte ich es nicht länger aus. Ich mache früher Feierabend. Jetzt bin ich völlig aus der Ruhe. Irgendwie weiß ich, dass etwas nicht stimmt, und trotzdem bleibe ich stur bei meiner Routine und schaue erst bei meinen Schwiegereltern vorbei, ob Sara mich braucht. Aber sie macht noch ihren Mittagsschlaf, also fahre ich doch allein nach Hause. Als ich die Treppen zu unserer Wohnung im zweiten Stock hochgehe, trommelt mein Herz. Mit jeder Stufe werde ich kurzatmiger. Mit jeder Stufe steigt meine Gewissheit, dass etwas passiert ist. Kurz vor der Tür höre ich mich sagen: „Lieber Gott, mach mich bitte stark für das, was mich jetzt erwartet!" Als ich die Wohnung aufschließe, sehe ich Theo sofort durch die offene Badezimmertür. Er liegt diagonal im Raum auf den kalten Fliesen, sein Kopf auf der Personenwaage. Die Augen sind weit aufgerissen, Schaum an den Lippen, die Zunge blutig gebissen, die Hose eingenässt. „Theo, was ist los? Was ist passiert?", rufe ich. Er reagiert nicht.

Jetzt geht alles ganz schnell und gleichzeitig wie in Zeitlupe. Ich telefoniere mit der Arztpraxis, um zu fragen, ob es bei der Operation

*heute Morgen eine Komplikation gegeben hat. „Aber, Ihr Mann
ist gar nicht bei uns gewesen!“, sagt man mir. Ich erstarre: „Was?
Ich verstehe das nicht, aber er liegt hier vor mir und reagiert nicht!“,
stammele ich hilflos. „Rufen Sie den Notarzt!“, höre ich die Stimme
am anderen Ende sagen. „Wie war noch mal die Telefonnummer?“,
frage ich völlig kopflos. „112!“ Ich lege auf und wähle mit zittrigen
Fingern die drei Ziffern. Wie in Trance spule ich Name und Adresse
runter. „Bitte, kommen Sie schnell!“, presse ich noch hervor, lege auf,
gebe der Oma Bescheid und renne zurück ins Bad zu Theo.*

Bevor der Kopf die Ungeheuerlichkeit des Moments erfassen
kann, reagiert der Körper. Die Eingeweide brennen, der Mund
ist trocken, Übelkeit kriecht vom Magen hoch. Hinten im Kopf
macht sich schon die schlichte und schreckliche Erkenntnis
breit, dass Theo mit dem Leben ringt, doch der Rest kämpft
gegen die Wahrheit an. Der kopflose Aktionismus ist ein einziges lautes Nein, der verzweifelte Versuch, eine völlig harmlose
Erklärung für das Unfassbare zu finden. Vielleicht sagen die
in der Zahnarztpraxis jetzt etwas, das den Schrecken nimmt.
Oder der Mann in der Feuerwehrleitstelle hat eine ganz simple
Erklärung, was mit Theo sein könnte. Dann das Warten auf den
Krankenwagen, auf Hilfe, auf Erklärungen.

Ute Jäger denkt nicht so weit, ob Theo einen Schlaganfall oder
ein Aneurysma hatte. Wie auch, sie beide sind jung, Krank-
heitsgeschichten sind jenseits ihrer Welt. Wenn etwas passiert
wäre, hätte er sich doch gemeldet, denkt sie. Und zwischendrin
immer wieder: Das kann, das darf nicht wahr sein! Wann wache
ich endlich aus diesem schrecklichen Traum auf?

Ute *Bis der Krankenwagen eintrifft, vergeht eine gefühlte Ewigkeit.
Ich hocke neben Theo und streichle ihn. Er liegt leblos da, aber sein
Herz schlägt. Ich denke darüber nach, wie er bei seiner Größe über-
haupt auf unseren Badezimmerboden passt, und dass der Kopf auf*

der Waage liegt, als sei sie ein Kissen. Endlich klingelt es. Notarzt und Sanitäter eilen mit einer Trage zu uns ins Dachgeschoss. Was sie sagen, höre ich nicht wirklich. Ich spüre, dass sie nervös sind. Sie nehmen die Situation sehr ernst, sind hochkonzentriert. Mich nehmen sie scheinbar nicht wahr. Die Männer stöhnen vor Anstrengung, als sie ihn aus der Wohnung heraus durchs Treppenhaus tragen. Ich laufe einfach hinterher und steige in den Krankenwagen ein. Mir ist übel. Meine Beine zittern. Mit Blaulicht und Martinshorn rasen wir durch die Stadt zum Krankenhaus. Durchs Fenster sehe ich vertraute Bilder, vertrauten Alltag: Höxter, mein Heimatort, Häuser, Menschen, Autos rauschen an uns vorbei. Ich könnte schreien: Stopp! Jemand muss diese Normalität anhalten! Theo liegt doch hier! Wie können alle einfach so weitermachen, wenn Theo in diesem Krankenwagen ist?

Eine Sekunde verändert den Rest des Lebens. Für die Passanten auf der Straße ist der Krankenwagen ein lästiges Störgeräusch, manche durchfährt vielleicht ein banger Schauer, was da wohl passiert sei. Für die Unfallmediziner ist es ein sicherlich besonders schwerer, aber doch ein Standardfall. Für Verwandte und Freunde, die nun peu à peu von dem Vorfall erfahren, eine Schreckensnachricht. Für Ute ist die Fahrt im Krankenwagen der Beginn eines neuen Lebens und einer Lebensaufgabe. Hier im Krankenwagen ist sie noch nicht bereit, sie anzunehmen. Sie hat ja nicht mal eine Idee, wie die nächste Stunde aussehen könnte. Sie hat noch nicht mal begriffen, dass es nie wieder so sein wird wie noch am Morgen. Wie sollte sie auch! Jetzt geht es nur um Theos Überleben. So laut das Martinshorn auch kreischt, so stark ihr Herz auch pocht, für Ute ist es ein letzter stiller Moment mit ihrem Mann, weil sie an seiner Seite sitzen kann, bevor sie Theo den Ärzten überlassen wird. Es ist der unbewusste Abschied aus ihrem bisherigen Leben.

3
Einer von Zehntausend

In der Notaufnahme herrscht Hektik. Das St.-Ansgar-Krankenhaus in Höxter ist erst wenige Jahre alt – modern, funktional. Ab jetzt ist Theo in den Händen der Mediziner. Eine Schwester schirmt Ute Jäger von ihrem Mann ab, fordert sie auf, in den Wartebereich zu gehen. „Das ist mein Mann und ich will wissen, was mit ihm los ist!", empört sie sich. Ein Arzt fragt lapidar, ob Theo diese Krämpfe häufiger habe. Krämpfe? Öfter? Was sollen diese Fragen? Aufgebracht antwortet sie: „Mein Mann war bis heute kerngesund!" Dennoch wird sie nun aus dem Behandlungszimmer geschickt. Die Tonlage, in der hier mit ihr gesprochen wird, gefällt ihr überhaupt nicht. Routiniert, sachlich, pragmatisch. Für die Ärzte, so scheint es, ist Theo einfach irgendein medizinischer Fall. Für sie bedeutet er das Leben.

Eine Freundin der Familie kommt vorbei, sie arbeitet als Dialyseschwester hier im Krankenhaus. Jemand aus der Familie hat ihr Bescheid gegeben. Sie erkennt Utes Verzweiflung und handelt. Geht in das Zimmer, in dem Theo untersucht wird, versucht bei den Kollegen etwas in Erfahrung zu bringen. Ute schöpft Hoffnung, jetzt wird sie gleich eine Erklärung bekommen. Doch als die Freundin zurückkommt, weiß sie sofort: So schnell wird es keine Antworten auf ihre drängenden Fragen geben. „Theo wird für die Hubschrauberüberführung nach Göttingern vorbereitet." Jetzt ist auch Ute klar, dass Theo in Lebensgefahr ist. Wenn selbst das Kreiskrankenhaus ihn nicht retten kann.

Theos Schwester trifft ein, auch sie ist Krankenschwester. Die drei Frauen liegen sich in den Armen, weinen, drücken sich fest. Doch die Zeit drängt: Ute und ihre Schwägerin machen sich auf den Weg nach Göttingen. Die knappe Stunde im Auto vergeht still. Ute ist völlig überfordert: Sie hat weder eine Ahnung, was passiert sein könnte, noch, was jetzt auf Theo zukommt. Anders ihre Schwägerin, die die spärlichen Informationen, die sie bisher haben, mit ihrem medizinischen Hintergrund ganz anders einschätzen kann. Doch sie hält sich mit Prognosen zurück.

Gegen 17 Uhr, zwei Stunden, nachdem Ute Theo gefunden hat, kommen sie im Universitätskrankenhaus an. Erst mal sind die beiden überfordert, sich auf dem riesigen Klinikareal zurechtzufinden. Immer wieder müssen sie fragen, wo Theobald Jäger zu finden ist. Schließlich wissen sie zumindest, dass sie in der richtigen Wartezone sind. Wieder still sitzen, obwohl Ute am liebsten losrennen möchte, in den Operationssaal, zu Theo. Was für eine Kraftanstrengung, sich zum Sitzen zu disziplinieren. Zwischendrin geht sie kurz zum Münzfernsprecher, hält die Eltern auf dem Laufenden, benachrichtigt ihren Arbeitgeber. Dann wieder sitzen und warten. Ein Arzt kommt vorbei, den Utes Schwägerin aus Höxter kennt. Er versucht, für sie mehr in Erfahrung zu bringen, bekommt aber auch nur heraus, dass Theo noch immer operiert wird. An den Warteraum grenzt ein Schwesternzimmer. Durch eine Glasscheibe können Ute und ihre Schwägerin das Personal beobachten, aber nichts hören. Ute versucht, aus deren Mimik zu deuten, wie es um Theo steht, ob die Operation beendet ist oder ob Komplikationen eingetreten sind. Schauen sie bestürzt, lachen sie? Ein hoffnungsloses Unterfangen, aus diesem Pantomimespiel Fakten abzulesen ...

Der Wartebereich leert sich, schließlich sitzen dort nur noch die zwei Frauen, starr vor Sorge. Längst haben sie kein Zeit- oder Hungergefühl mehr, es gibt nichts mehr zu sagen, alles in ihnen lechzt nach einer Diagnose. Es ist Mitternacht, als sie endlich aufgerufen werden.

Ute Mechanisch gehe ich hinter dem Arzt her in sein Bespre-chungszimmer. Ich habe jetzt so lange darauf gewartet, eine Erklä-rung zu bekommen, eigentlich müsste mein Verstand jetzt glasklar sein. Hellwach und aufnahmefähig, doch ich verstehe nicht viel von dem, was er sagt. Begriffe dringen an mein Ohr – Liquor, Drainage, Ventrikelsystem –, das sind Worthülsen für mich, deren Bedeutung ich nicht ermessen kann: massive Blutung im Zentralgehirn, schwie-rige Stelle, eine Entlastung wurde gelegt. Was hat das alles mit Theo zu tun? Ich spüre die Hand meiner Schwägerin auf meiner Schulter. Sie hat Fachwissen und kann die Tragweite der Diagnose sofort er-messen. „Du musst jetzt tapfer sein!“, flüstert sie mir zu. Das klingt wie in einem kitschigen Sonntagsabendfilm, was soll dieses Pathos? Was bedeutet das alles hier? Der Arzt spricht es schließlich aus: Es geht um Leben und Tod.

Medizinisch ausgedrückt ist Folgendes passiert: Im Kranken-haus Höxter zieht man zunächst bei einer Rückenmarkpunk-tion blutigen Liquor. Das ist diagnostische Standardbehand-lung, um die Art der Erkrankung festzustellen. Über Infusionen wird sein Kreislauf stabil gehalten. In Göttingen wird Theo so-fort intubiert, also ein Schlauch in seine Luftröhre geführt, um ihn zu beatmen. Das Computertomogramm ergibt, dass das Ventrikelsystem, also die Hohlräume im Gehirn, fast vollstän-dig mit Blut gefüllt sind. Damit der Kopf unter dem Druck der Flüssigkeitsmenge nicht platzt, bohren die Ärzte ein Loch in Theos Schädel und legen eine Drainage. Eine Quelle für die Blutung wird nicht gefunden. Die Drainage wird nach ein paar Tagen gezogen; die Stelle sieht man noch heute auf Theos Kopf.

Dann darf Ute endlich zu Theo. Stunden, nachdem sie ihn den Ärzten anvertrauen musste. Ihr Inneres ist aufgewühlt, der Kopf vom langen Warten leer und gleichzeitig voll mit Fragen – im Kontrast dazu steht die sterile Atmosphäre der Intensiv-Wachstation: geordnet, funktional, antiseptisch.

Ute Zum ersten Mal in meinem Leben betrete ich eine Schleuse: Desinfektion, Mundschutz, Kittel, Plastiküberzüge für die Schuhe. Es verwirrt mich, dass hier jeder weiß, welcher Handgriff als nächster kommt. Meine Knie sind so weich, dass sie jeden Moment einknicken müssen. Dann stehe ich an Theos Bett. Und ich erkenne ihn nicht wieder. Meinen Theo. Er liegt nackt im Bett, füllt die Länge bis zum letzten Zentimeter aus. Ein Laken liegt über Rumpf und Beinen. Auf dem Brustkorb kleben Elektroden. Sein Kopf ist geschoren, ein Verband um die Stirn gebunden. Zwischen den Verbandschichten führt ein Schlauch heraus, angefüllt mir rötlichem Sekret. Ein Schlauch in Theos Kopf! Wie brutal! Ich sehe einen schwarzen Ballon, der sich im Takt aufbläht und wieder mit einem Zischen zusammenfällt. Das Beatmungsgerät. Das Geräusch gibt den Takt vor in dieser sterilen Stille. Hin und wieder piept ein Apparat, das Personal murmelt im Hintergrund. Vertraut sind mir auf den ersten Blick nur Theos Hände. Seine Haut ist glatt und wirkt wie frisch gewaschen. Er scheint tief zu schlafen. Sieht so friedlich aus.

Die Nacht ist fortgeschritten, als Ute und ihre Schwägerin die Klinik verlassen. Eigentlich möchte Ute bei Theo bleiben. Langsam verstehen, was passiert ist, und dabei seine vertrauten Hände betrachten und streicheln. Wenigstens etwas, das an das Davor erinnert, an den Menschen Theo, nicht den medizinischen Fall. Die vertrauten Hände, die ihr das Gefühl geben, Theo habe sie nicht verlassen. Stattdessen erfasst sie die nüchterne Wahrheit in dem Moment, als sie aus dem Krankenhaus Richtung Parkplatz gehen.

Ute *Das hier kann alles nichts mit mir zu tun haben. Mein angespannter, eiskalter Körper bäumt sich auf und ich schreie in die Nacht: „Nein! Nein! Nein!"*

Auf meiner Schulter spüre ich die Hände meiner Schwägerin, mit leichtem Druck signalisiert sie mir, still zu sein. Mein Schrei erstickt wieder, jetzt weine ich nur noch. Die Welt um mich herum verschwimmt hinter meinen Tränen. Aber in mir schreit es weiter, schmerzt in mich hinein: „Das kannst du nicht machen, Jesus! Das geht jetzt nicht! Du kannst uns Theo jetzt doch nicht einfach nehmen! Nein! Bitte tu das nicht! Bitte lass ihn wieder gesund werden."

Den ganzen Tag hat Ute trotz der riesigen Anspannung geduldig gewartet, hat sich auf harte Stühle setzen und vertrösten lassen, damit die Mediziner ihre Arbeit machen und sich auf Theo konzentrieren können. Jetzt aber begehrt sie auf, jetzt bricht es aus ihr hinaus. Ute ist ein einziges lautes Nein. Mit ganzer Kraft stemmt sich Ute gegen die Diagnose und gegen ihr Schicksal! Und doch passiert in diesem Moment etwas zutiefst Unglaubliches. Verstörend einerseits, für Außenstehende kaum nachzuvollziehen, und doch das Fundament für die nächsten 25 Jahre und für Utes unerschütterliches Beharren auf Theos Heilung. Sie spürt tatsächlich eine tröstende Kraft, so unmöglich das in diesem Moment sein mag. Ute versteht ja selbst nicht, was da gerade mit ihr passiert.

Ute *Ich muss Luft holen, durchatmen, mich aus meiner gekrümmten Haltung lösen. Und in dem Moment, in dem ich mich aufrichte, kriecht wohltuende Wärme durch meinen Körper. Die Beine hoch, weiter zu meinem Herzen, das sich jetzt weitet. Die Anspannung in meinen Muskeln löst sich das erste Mal seit Stunden, das erste Mal, seit ich heute Mittag dachte, dass etwas passiert sein muss. Die Wärme wandert weiter durch meinen Körper, zu meinem Kopf. Und der Nein-Krampf löst sich auf. Was ist das? Das kann nicht sein. Es fühlt*

sich an wie Freude. Es sprudelt in meinem Inneren wie eine Brause-
tablette, die sich im Wasser auflöst. Freudenbläschen füllen mich an.
Drehe ich durch? Nein, ich fühle mich auf einmal erfüllt von Dank-
barkeit: Wie schön, dass ich Theo kennenlernen durfte. Dass wir eine
so glückliche Zeit miteinander hatten. Das ist ein Geschenk des Le-
bens an mich und das kann mir keiner nehmen. Szenen unseres bis-
herigen Lebens ziehen an meinem inneren Auge vorbei: der erste
Tanz, der erste Kuss, das Glück, die erste gemeinsame Wohnung zu
haben, Theo, wie er meinen schwangeren Bauch streichelt, Saras
Geburt, unsere Autofahrt gestern. Egal, wie es jetzt weitergeht. Es ist
nicht an mir zu sagen, dass Theo leben soll, denn er ist nicht mein
Eigentum, mein Besitz, über den ich verfügen kann. Ich lasse ihn
jetzt los und Gott entscheiden, was mit ihm geschehen soll, und bin
erstaunt über meine eigenen Gedanken.

Tiefe Verzweiflung und tiefe Ruhe liegen oft beieinander. Nicht
nur bei gläubigen Christen. Vielleicht ist es ein menschlicher
Überlebensreflex: Wenn man sich so sehr gegen etwas stemmt,
dass man daran verzweifelt, setzt irgendwann der Impuls ein
zu sagen: Was kann mir denn schon passieren? Ich kann es ja
doch jetzt nicht ändern. Man kann nicht tiefer fallen als in Gottes Hand. Es ist der Moment, in dem ein Mensch sein Schicksal annimmt, sich seiner Lebensaufgabe stellt. Ute fühlt diese
Ruhe ganz klar. Als stehe sie im Auge eines Hurrikans. Um sie
herum tobt es, aber innen gibt es den windstillen Punkt.

Dieses Erlebnis ist eine Momentaufnahme. In dieser Intensität
ist das Gefühl nur für einen Hauch spürbar und doch klar und
zutiefst versöhnlich. Ute fühlt sich gespalten: „Das bin ich
nicht. Ich will ihn doch zurück. Ich will, dass alles wieder so ist,
wie es war." Und doch bleibt ein Teil von ihr ruhig, gelöst und
frei. Tags drauf, nach einer kurzen Nacht, steht sie wieder an
Theos Bett, erneut beherrscht von Sorgen und Zweifeln.

Ute   Immer wieder pumpt sich der schwarze Ball auf und fällt in sich zusammen. Gleichmäßig, ohne Schwäche, mechanisch auf und ab. Eine Maschine hält Theos Körper am Leben. Ich fühle mich leblos, innerlich erstarrt. Zögernd tasten meine Blicke über seinen Körper, ängstlich vor dem, was sie vielleicht entdecken. Den Schlauch, der aus seinem Kopf ragt, kann ich einfach nicht ansehen. Ich bin ausgefüllt von Schmerz. Ich nehme Theos Hand, sie ist eiskalt. Ich erschrecke, warum ist er so kalt? Ist er tot? Da kommt eine Schwester, kontrolliert die Apparaturen und spricht ihn an, als wäre es das Normalste von der Welt mit Koma-Patienten zu sprechen. Das beruhigt mich, dann falle ich wenigstens nicht als Verrückte auf, wenn ich es auch tue: „Hallo Theo, ich bin jetzt da ...", beginne ich zögerlich. Ich wünsche mir, dass er mich hört, erzähle einfach weiter, was mir einfällt, von Sara, dass sie bei Oma und Opa ist und ihn vermisst. Dann erstickt meine Stimme in Tränen. Es tut so weh, dass er nicht antworten kann, dass er vielleicht nie wieder antworten wird.

Am dritten Tag habe ich ein Gespräch mit einem behandelnden Arzt. Unser Pastor begleitet mich heute, er ist jung, ebenfalls verheiratet und hat eine Tochter. Er hat uns vor drei Jahren getraut und ist inzwischen ein Freund geworden. Der Arzt wiederholt noch einmal viele Dinge, die mir schon gesagt wurden. Eine Aussage allerdings ist neu: „Nur einer von 10 000 überlebt überhaupt eine derart massive Gehirnblutung." Sofort ist mir klar, was das heißen soll: Machen Sie sich keine Hoffnung. Als wir aus dem Raum gehen, schaue ich meinen Pastor an und höre mich sagen: „Und Theo ist der Eine."

4
Wach endlich auf!

Ist es naiv? Ist es trotzig? Was es genau mit dieser Zuversicht auf sich hat, kann Ute nicht sagen. Ihre Gefühle und Stimmungen schlagen in diesen Tagen genauso heftig aus wie die Herzfrequenzkurven auf den medizinischen Apparaturen. Hoch, runter, hoch ... Momente der Schockstarre wechseln sich ab mit großer Zuversicht und nüchternem Pragmatismus. Sie hat keinerlei medizinischen Sachverstand, und versucht auch gar nicht erst, den Anschein zu erwecken. Sie könnte die Ärzte, ihre Schwägerin oder Mediziner im Freundeskreis bestürmen, ihr mehr über das Gehirn zu erzählen, über die Aussichten und Wahrscheinlichkeiten. Doch sie will es gar nicht so genau wissen. Aus den nüchternen Fakten, die ihr die Ärzte darlegen, zieht sie ihre eigenen Schlüsse: Bei einer so massiven Blutung, wie Theo sie hatte, funktioniert die spontane Atmung höchstens eine Stunde. Theo aber war mindestens sieben Stunden ohne medizinische Versorgung. Für die Ärzte ist das ein Hinweis darauf, wie aussichtslos die weiteren Überlebenschancen von Theo sind. Ute deutet es andersherum: Dass er nicht gestorben ist, sondern im Koma liegt, bedeutet: Er will nicht sterben. Und er wird nicht sterben. Das Koma führt zum Leben.

Diesen kühnen Gedanken formuliert Ute nur zaghaft. Die mitleidigen Blicke der anderen entgehen ihr natürlich nicht und sie will sich nicht vom Pessimismus und der Nüchternheit ihres Umfeldes anstecken lassen. Ute weiß, dass die anderen sie auch deshalb von dem Gedanken an Heilung abzubringen versuchen, weil sie fürchten, die schlimme Wahrheit, dass Theo nicht mehr aufwacht, könne sie sonst irgendwann zerstören. Doch Ute ist keine Träumerin. Im Gegenteil. Sie hat sogar Sinn für ganz pragmatische Anliegen. Kurzerhand beschließt sie, Theos Studentenzimmer aufzulösen, schließlich ist klar, dass er auf absehbare Zeit nicht an die Uni zurückkehren wird. Ute fährt mit ihren Eltern hin; es ist das erste Mal, dass sie seine Göttinger Bleibe betritt.

Ute Das möblierte Zimmer schockiert uns. Hier gibt es ja wirklich nur das Allernötigste. Alles wirkt kahl und kalt, die Möbel sind abgenutzt und alt. So hat er also während seiner Uni-Woche gelebt. Eigentlich kann man hier unmöglich lernen, geschweige denn sich wohlfühlen, aber er hat sich nie beschwert. Zeigen wollte er mir das Zimmer allerdings auch nicht. Nur einmal meinte er, dass er sich in Göttingen gar nicht einnisten wolle. Diese Aussage fand ich damals krass, aber noch erschütternder ist es zu sehen, wie er hier gelebt – nein, man muss sagen gehaust – hat.

Das wäre so eine Frage, die sie an Theo hätte. Warum wolltest du in Göttingen so karg leben? Wie konntest du dich dort wohlfühlen? Bei uns war es dir doch immer so wichtig, alles gemütlich und schön zu gestalten.

Doch das sind Themen aus einem anderen Leben, sie haben jetzt erst mal keinerlei Bedeutung oder gar Dringlichkeit. In der Uniklinik tritt Ute jeden Tag mit beklommenem Herzen ans Bett von Theo. Er liegt dort, äußerlich unverändert. Doch das Personal hat fast täglich Berichte über neue Komplikationen parat. An einem Tag ist es Fieber. An einem anderen Tag erklärt man ihr, dass der Körper deshalb heruntergekühlt wird, damit der Stoffwechsel langsamer läuft. Das findet sie brutal. Auch wenn sie nachvollziehen kann, dass es medizinisch notwendig ist. Dann wieder heißt es: „Ihr Mann hat eine

Hirnhautentzündung. Das kann schon mal durch eindringende Keime während des operativen Schädelöffnens vorkommen." Die technokratische Sprache ist heftig und schwer auszuhalten. Doch zeugt sie auch von einer Routine, die Ute das beruhigende Gefühl gibt: Die Ärzte wissen, was sie tun.

Ute lässt die Hiobsbotschaften nicht an sich ran, sondern beharrt unbeirrt auf ihrem Glauben, dass Theo gesund wird. Die Informationen der Mediziner interpretiert sie auf ihre Weise – optimistisch: Eine Meningitis wird nicht verhindern, dass Theo wieder aufwacht. Er hat schon eine so große Hürde genommen, indem er nicht gestorben, sondern ins Koma gefallen ist, da wird er eine Hirnhautentzündung auch noch überstehen. Im Übrigen: Was kann sie schon daran ändern? Die Ärzte werden tun, was sie tun müssen. Sie hat genug damit zu kämpfen, sich in dieser neuen Situation zurechtzufinden.

Ute *Die Zeit scheint langsamer zu vergehen als je zuvor. Immer dann, wenn ich ins Grübeln komme, weil Verwandte, Freunde und Ärzte ihre Mutmaßungen an mich herantragen, ziehen sich die Momente wie eine Ewigkeit. Danach brauche ich eine ganze Weile, um mich aus diesen düsteren Gedanken zu befreien. Und es befremdet mich, dass das Leben um mich herum einfach weitergeht, als wäre nichts geschehen. Man taucht in der Betriebsamkeit des Alltags unter, stöhnt unter seiner Last. Das regt mich auf! Wissen die eigentlich, was wirklich schwere Lasten sind? Einmal kann ich nicht mehr an mich halten: Mit meiner Schwiegermutter und Sara im Auto ramme ich beim Zurücksetzen einen anderen Wagen. Eine augenscheinlich schwangere Frau steigt aus und zetert aufgeregt: „Sie sind in mein Auto gefahren und ich bin hochschwanger!" Ich antworte nur: „Und mein Mann liegt im Koma. Unsere Versicherungen werden das schon regeln." Ich bin richtig aufgebracht: Es ist doch nichts Schwerwiegendes passiert, warum regt sich diese Frau so auf?*

Überhaupt: Das Gejammer über Nichtigkeiten kann ich kaum aushalten. Dem einen tut das Knie weh, der andere hat Streit mit der Nachbarin, dem Dritten ist der Kaffee zu stark gekocht. Und bei uns, bei Theo und mir, geht es um Leben und Tod! Oder es wird gelacht und geblödelt und ich sitze teilnahmslos dabei.

Wie gern würde ich wie die anderen diesen unglaublichen Frühling genießen. Die Sonne scheint, es ist warm, der Himmel blau. Dieser blumige Duft liegt nach wie vor in der Luft, aber ich kann und will ihn nicht riechen. Er widert mich an, macht mich zornig. Müsste der Himmel nicht schwarz werden, als trüge er ein Trauerkleid?

Noch kann Ute einfach nicht in die Familienwohnung unterm Dach zurück. Die Erinnerung, wie Theo dort im Badezimmer lag, sein wirrer Blick, die Schritte der Sanitäter auf der Treppe. Sie spürt: Diese Bilder im Kopf und die Einsamkeit der leeren Wohnung – das würde sie komplett überfordern.

Mit Sara wohnt sie deshalb bei ihren Eltern, holt nur zwischendrin Kleidung und Post. Eltern, Schwiegereltern, Freunde stimmen sich ab, wer mit Ute nach Göttingen fährt. Die Freunde warten vor der Station, bis sie von Theo zurückkommt und fragen auf dem Rückweg nicht viel. Ute ist dankbar, dass sie alle einfach still an ihrer Seite sind. Doch sosehr sie sich in der Gemeinschaft von Freunden und Familie aufgehoben fühlt, mit ihrem Schmerz ist sie allein, ebenso wie mit der zarten Hoffnung ihres Herzens. Das spürt sie ganz stark. Wirklich verstanden fühlt sie sich nur im Gebet, hier fühlt sie einen tiefen Trost, den sie sich rational nicht erklären kann.

Die Ärzte drängen sie, ihre Kräfte zu schonen und nicht jeden Tag in die Klinik zu kommen. Sie sehen die Unausweichlichkeit der Situation: Schlimmstenfalls stirbt Theo, bestenfalls wird er ein lebenslanger Pflegefall – oder umgekehrt? Szenarien wie diese lässt Ute nicht zu. Auch nicht, als ihr nach gut einer Woche seitens der Mediziner nahegelegt wird, über das Abschalten der Geräte nachzudenken.

Die Ärzte äußern sich sehr zurückhaltend darüber, wie Theos Zustand zu bewerten ist. Vorsichtig reduzieren sie die Dosis der

Medikamente, die ihn im Koma halten. Auf diese Weise versuchen sie, den Aufwachprozess ingang zu setzen. Ute muss die Unklarheit der Diagnose aushalten – mal sprechen die Ärzte vom Abschalten der Geräte, dann wieder vom Aufwachen. Und en passant sagt man ihr, es wäre günstig, wenn sie anwesend wäre, falls ihr Mann doch aufwachen sollte. Wie soll das gehen, ausgerechnet in diesem einen Moment vor Ort zu sein?

Nach zehn Tagen dann endlich eine gute Nachricht: Als Ute auf die Intensivstation kommt, ist der schwarze Ballon weg. Theo atmet selbstständig, tief und fest. Er ist nicht tot! Was für ein Unterschied, neben Theo am Bett zu stehen und statt des Zischens des Beatmungsgerätes seinen Atem zu hören. Wach ist er aber immer noch nicht.

Als sie heute an seinem Bett steht und ihn betrachtet, wie er so ruhig und tief vor sich hin atmet, beginnt erstmals ein unerhörter Gedanke an ihr zu nagen.

Ute   Mir kommt in den Sinn, dass er sich vielleicht sehr wohlfühlt, dort, wo er ist. Will er vielleicht gar nicht zurück ins Leben? Zurück zu uns? Oder muss er noch überzeugt werden, dass es sich lohnt? Wenn das so ist, was kann ich dann dafür tun? Ich werde einfach nur möglichst oft hier sein und mit ihm sprechen, ihm sagen, dass wir ihn vermissen und brauchen. Und ihn bitten, zu uns zurückzukommen.

Wie gut Ute doch ihren Mann kennt! Wie recht sie hat mit ihrer Vermutung, dass Theo sich in diesem Zwischenzustand von Leben und Tod wohlfühlt. Und wie gut, dass sie wie selbstverständlich davon ausgeht, dass er seine Umgebung wahrnehmen kann. Dass er auch ihre Nähe bemerkt.

Anfang des Jahres hatten Ute und Theo darüber gesprochen, was sie machen würden, wenn einer von ihnen stirbt. Jeder hatte sich vom anderen gewünscht, dass er sich einen neuen

Partner sucht. Auch das scheint Theo jetzt im Koma zu beschäftigen.

Theo   *Ich will mich einfach nur ausruhen. Mein Leben kommt mir so anstrengend vor. Hier ist es so, als habe ich einen schweren Sack abgelegt. So wunderbar ruhig. Ich würde mich gern von meinem Leben verabschieden und will nicht aufwachen. Aber ich weiß, dass ich zurück muss und dass sie auf mich wartet. Ich spüre: Sie steht an meinem Bett und flüstert mir etwas ins Ohr. Ich möchte zu ihr, ich möchte nicht, dass sie zu einem anderen geht. Ich fühle mich hin und her gerissen: Ich will hierbleiben, in dieser wunderschönen Ruhe, und gleichzeitig zu ihr.*

5
Er wird gesund werden!

Auf Tage wie diese bereitet einen das Leben nicht vor. Schon gar nicht, wenn man erst Mitte 20 ist. Für diesen Ausnahmezustand der Gefühle, diesen Mix aus Angst, Ohnmacht, Hoffnung und zärtlichen Erinnerungen, gibt es keinen Probelauf. Man kann daran verzweifeln oder die Situation aushalten. Das Nicht-Wissen ist das eine: Was ist passiert? Wie geht es Theo jetzt? Wird er aufwachen? Dann die Fragen nach dem Warum: Warum ist das passiert, was genau ist passiert, gab es vorher Anzeichen, die wir hätten ernst nehmen müssen? Und die hypothetischen Fragen: Was wäre, wenn ich nach dem Anruf der Arztpraxis damals einfach früher nach Hause gefahren wäre um nachzuschauen, wie es Theo geht? Und vor allem die große Ungewissheit, wie es weitergeht: Wird Theo noch einmal aufwachen? Wie wird es ihm dann gehen? Wird er wieder so wie früher? Wird er je gesund werden? Das beherrschende Gefühl ist zwar immer noch ohnmächtige Fassungslosigkeit über das, was geschehen ist, doch langsam macht sich auch ein gewisser Pragmatismus breit. Und das Bedürfnis, in dem Gewirr der Emotionen wieder mit den eigenen Füßen auf den Boden zu kommen.

Wenn es ihr für einen Moment gelingt, ihr inneres Chaos zu ordnen, weiß Ute: Sie will Theo zurück, ganz unbedingt und dringend! Aber wenn er sterben würde, dann wäre ihr Leben nicht vorbei. Auch dann, das spürt sie ganz klar, würde sie getragen werden. Niemand kann ihr das Schöne nehmen, das sie mit Theo erlebt hat, das ist ganz klar. Und diese Klarheit, diese

Ruhe strahlt sie auch aus auf diejenigen, die genau hinschauen. Ihr Traupastor erinnert sich noch heute: „Die Nachricht, dass Theo im Koma lag, machte unsere ganze Gemeinde fassungslos. Als ich Ute dann das erste Mal sah, war ich erstaunt – sie strahlte inneren Frieden aus. Und das war keine Auswirkung des Schocks oder Verdrängung, sondern völlige Gelassenheit und Frieden, auch Frieden mit Gott. Das hat mich beeindruckt. Meine Frau Barbara erinnert sich noch fast wörtlich an das Gebet, das Ute damals im Gottesdienst gesprochen hat. Voller Vertrauten sagte sie: „Vater, nimm mir Theo nicht, er ist doch das Liebste, was ich habe."

Ute spürt durchaus, dass ihr Familie und Freunde nicht folgen können, wenn sie von ihrer unerklärlichen Zuversicht spricht.

An jenem 24. Mai, als Ute spät in der Nacht von ihrer Schwägerin zu ihren Eltern gebracht wird, hört sie diese sagen: „Ihr müsst jetzt lieb zu Ute sein!" Ute wird übel bei diesem Pathos. Ja, die anderen wollen alles richtig machen und doch ist es gerade diese Rücksichtnahme, die Ute das Gefühl gibt, kolossal einsam zu sein. „Was wissen die denn, wie es mir geht? Ich habe fast alles verloren, was mir lieb und wichtig war!", denkt sie in den nächsten Tagen immer wieder einmal. Die ganze Situation entfremdet sie ausgerechnet auch ein Stück weit von denen, die ihr nahestehen. Ute weiß, niemand kann ihr abnehmen, ihr Leben weiterzuleben, was immer das im Moment auch bedeuten mag. Nach einigen Tagen Abstand wird ihr klar: Zu ihrem Leben gehört die Dachgeschosswohnung, in der das Unfassbare geschehen ist. In der aber auch ihr Glück sein Zuhause hat, auch wenn dort im Moment höchstens Erinnerungen daran möglich sind.

Ute *Seit zwei Wochen leben Sara und ich bei meinen Eltern. Nun halte ich es nicht mehr aus. Ich muss wieder zurück in unsere Wohnung, aber auch zurück in meinen Alltag. Ich will wieder einen*

Tagesrhythmus haben. Als ich im Auto sitze, tauchen Bilder unserer gemeinsamen Zeit in der Wohnung vor mir auf, wie wir sie zusammen tapeziert und gestrichen haben. Wir hatten zwar nicht viel Geld, aber gemütlich haben wir es uns trotzdem gemacht. Oft waren Freunde da, wir haben gemeinsam gekocht, gegessen, geredet, gebetet. In unserer Wohnung pulsierte das Leben. Jetzt stehe ich hier, mit Sara auf dem Arm, und mein ganzer Körper ist krank vor Schmerz. So schwer hatte ich es mir nicht vorgestellt. Sara läuft gleich los, in ihr Kinderzimmer, freut sich über die Spielsachen, die sie seit Tagen nicht gesehen hat. Ich bekomme Panik. Stehe ich hier mitten in den Überresten unserer Vergangenheit? Muss ich auch unsere Wohnung, unser Familiennest, loslassen? Müssen wir woanders neu anfangen? Wenn wir überhaupt noch mal irgendwo gemeinsam anfangen können. Hilfe, wie soll ich es hier aushalten? Wie eine Welle erfasst mich Panik, Schweiß bricht mir aus, mein Herz rast. Ich stehe immer noch wie gelähmt im Flur.

Sara beginnt zu quengeln, zerrt an ihrer Mama, will umsorgt werden. Vielleicht befremdet Sara die Wohnung ja auch, vielleicht spürt sie die Anspannung ihrer Mama. Ute zwingt sich, ruhig zu werden, ihr Panikschub ebbt langsam ab. Wenn sie sich auf Sara konzentriert, schafft sie das. Beruhigend redet sie auf Sara ein, bereitet sie fürs Bett vor, albert mir ihr auf dem Wickeltisch herum, spielt die fröhliche Mama. Schließlich sieht das Kind tagsüber bei den Großeltern schon ständig traurige Gesichter. Ute will für Sara die gleiche fröhliche Mutter sein wie bisher. Doch die tristen Gedanken und Sorgen arbeiten weiter in Utes Kopf, ihr Bauch krampft sich immer wieder schmerzhaft zusammen, während sie Sara in den Schlaf singt. Es fordert Kraft, gegen die Ängste anzukämpfen, einfach weiterzufunktionieren. All das ist eine richtige, körperliche Anstrengung. Während sie Saras Gesicht streichelt, hängt sie noch lange ihren Gedanken nach.

Ute   *Wie schade wäre es, wenn Sara keine Geschwister bekommen würde. Was für ein elendiger, trauriger Gedanke. Als Sara schläft, gehe ich durch die Wohnung. Im Arbeitszimmer stehen seine Pfeifen im Schrank. Es riecht nach altem Tabak. Das fand ich immer widerlich, aber heute verbindet mich dieser Geruch mit Theo. Überall stehen Gegenstände von ihm, als wäre er nur kurz weg und würde jeden Augenblick um die Ecke kommen und mich in den Arm nehmen. Ich nehme seine Spiegelreflexkamera aus dem Regal. Er hat alles festgehalten, was ihm vor die Linse kam, unser Leben. Ich blättere ein Fotoalbum mit den selbst entwickelten Bildern durch. Sein Lieblingsmotiv: Sara. In allen Lebenslagen, von Geburt an. Auch ich sollte immer wieder für ihn posieren, eher widerwillig, gebe ich zu. Einmal hatte er sogar ein Bild von mir, schwanger und im Bikini, im DIN-A3-Format an die Wand gehängt. Auf dem Esstisch steht noch seine benutzte Kaffeetasse, daneben liegt die aufgeschlagene Bibel. Theo muss also an jenem Montag, als Sara und ich weg waren, noch von der Küche ins Wohnzimmer gegangen sein.*

Mir fällt ein, dass er Lebensversicherungen für uns abgeschlossen hat, als ich die Unterlagen im Regal sehe. Und er hatte mir ein Buch für Fahrradreparaturen gekauft – er wollte mich versorgt wissen. Hatte er eine Vorahnung? Mich fröstelt. In mir nagt eine Stimme: „Siehst du, jetzt bist du ganz allein. Er wird sterben. Wo ist denn jetzt dein Gott?" Kälteschauer rieseln meinem Rücken hinunter. Ich sacke vor unserem Bett zusammen und kann nur noch laut schluchzen.

„Maaamaaa." Sara ist wach geworden. Ich hole sie zu mir ins Bett. Sie kuschelt sich dicht an mich, will Rücken an Rücken liegen. Auch mir tut der Körperkontakt gut. Jetzt wird mir klar, dass ich die ganze Zeit davor Angst hatte, allein ins Bett zu gehen, in unser Bett. Sara schläft schnell wieder ein und ich setze mich wieder auf, um noch zu lesen. In meiner Bibel stolpere ich über den Vers. „Verlasst euch stets auf den Herrn, denn Gott, der Herr, ist ein ewiger Fels"
(Jesaja 26, 4). Die sogenannte Jahreslosung für das Jahr 1982.

Was jetzt passiert, mag wie Spinnerei anmuten oder als Einbildung in einer tief verzweifelten Lebenslage. Hätte die Genesung von Theo einen anderen Ausgang genommen, wäre er
nicht wieder zu sich gekommen und ganz gesund geworden,
hätte Ute Jäger vielleicht selbst in der Rückschau diesen Augenblick kleingeredet. Tatsächlich ist es für sie der Moment, der
sie durch die nächsten 25 Jahre tragen wird. Und wie so oft,
ob im Leben oder in den Geschichten der Bibel, liegen tiefs-
te Verzweiflung und befreiendes Glücksgefühl ganz nah beieinander.

Ute Nachdem ich eine Weile in der Bibel gelesen habe, blättere
ich noch durch ein Andachtsbüchlein von Oswald Chambers, das ich
häufig zur Hand nehme. Der Text für den 24. Mai ist überschrieben
mit „Freude der Verzweiflung". Ausgerechnet! Hier steht: „Ehe ich
an die Grenze der eigenen Möglichkeiten gekommen bin, kann Gott
nichts für mich tun." Ja, an der Grenze meiner Möglichkeiten bin
ich. Ohnmächtig, völlig entkräftet, so wie ich hier eben noch vorm
Bett gelegen habe. Aber das Gefühl vom ersten Abend nach Theos
Zusammenbruch klingt wieder durch, die Wärme und Dankbarkeit.
Als lege sich eine Hand auf meine Schulter, beruhigend, tröstend.
Jetzt durchfährt ein Stromschlag, der nicht schmerzt, meinen Körper. Eine Art Glücksgefühl nimmt mich ein, voll Wärme und Vertrauen. Ich bete und lasse alles raus, was sich in mir aufgestaut hat.
Das tut mir gut. Ich spüre eine Vertrautheit und Nähe zu Gott, die
ich zu meinem leiblichen Vater nie hatte. Täglich erlebe ich, wie
mich Menschen trösten wollen. Es sind lieb gemeinte Worte. Worte eben, aber mehr nicht. Sie können mich nicht wirklich erreichen.
Die Worte, die ich hier bei Oswald Chambers lese, dringen zu mir
durch, sofort beginnt es in mir zu arbeiten. Dieses starke, hoffnungs-
volle Gefühl in mir wird wieder größer. Mit einem Mal nehme ich in
meinem Kopf klar und deutlich eine Stimme wahr: „Er wird gesund
werden – und er wird ganz gesund werden, und sie werden sagen, die
Ärzte waren es, aber vergiss nie, dass ich es war!"

Ich bekomme Gänsehaut. Eine Weile sitze ich regungslos im Bett und versuche zu begreifen, was gerade passiert ist. Habe ich gerade Gottes Stimme gehört? Bin ich jetzt völlig abgedreht? Halluziniere ich? Rede ich mir ein, was ich gern hören möchte? Aber die Stimme war so klar, so eindringlich, das kann keine Einbildung sein. Ich entscheide mich, der Stimme zu glauben.

Manch einer wird sicherlich zweifeln, wie real oder realistisch Utes Erlebnis ist. Auch sie selbst kann es kaum fassen oder einordnen. Entscheidend aber ist: Ute beschließt, der Stimme zu vertrauen. Damit ist der Grundstein gelegt für ihr Durchhaltevermögen in den nächsten 25 Jahren. Sie trifft die Entscheidung, fest an Theos Heilung zu glauben.

6
Mäuschen!

So gut hat Ute seit zwei Wochen nicht geschlafen wie nach diesem Erlebnis. Und sie wacht das erste Mal zuversichtlich und hoffnungsvoll auf, dass Theo wieder gesund wird. Sie leugnet nicht, dass es gegen jegliche medizinischen Erfahrungswerte spricht. Doch so irreal das nächtliche Ereignis auch sein mag, Ute ist bestärkt darin, Theo nicht aufzugeben.

Am 10. Juni, vier Tage nachdem Theo wieder selbstständig atmet, kommt Ute mit ihrer Schwägerin in die Klinik. Es ist Fronleichnam, ein Feiertag in Nordrhein-Westfalen. Tags zuvor war Ute mit den Diakonen ihrer Gemeinde hier. Es war ihr wichtig, dass sie für ihn beten. Einerseits sieht Ute, dass das erst mal alles ist, was sie für Theo tun kann, andererseits zerreißt es sie fast, dass sie nun wieder warten muss, warten auf das Unvorstellbare.

Die beiden Frauen stellen sich jeweils an eine Seite von Theos Bett. Sein Zustand scheint unverändert zu sein. Mit geschlossenen Augen liegt er da, die Bettdecke hebt und senkt sich gleichmäßig mit seinen Atemzügen. Eine Schwester kommt herein und berichtet: „Die Nachtschwester will gesehen haben, wie Ihr Mann in der Nacht den Arm gehoben hat."

Überzeugend klingt das nicht – „will gesehen haben" – als habe die Nachtschwester Halluzinationen. Andererseits: Offenbar nimmt das Team die Beobachtung so wichtig, dass man Ute davon berichtet. Vielleicht, vielleicht wird er ja tatsächlich aufwachen.

Ute   *Mein Herz beginnt aufgeregt zu klopfen. Ich denke an das Gebet mit den drei Männern aus der Gemeinde gestern Abend, an die Stimme, die ich gehört habe und jetzt die Beobachtung der Schwester. „Bitte werde wach. Sara und ich warten doch auf dich", flüstere ich in Theos Ohr. Still bete ich. Die Apparaturen ticken monoton. Mir kommt es vor, als helle sich der sterile Raum allmählich auf, so wie es ist, wenn sich die Sonne langsam hinter einer Wolke hervorschiebt. Meine Schwägerin steht auf der anderen Seite des Bettes, mir gegenüber, wir schauen uns kurz an, dann wieder zu Theo. Er öffnet seine Augen. Wie unwirklich! Noch bevor eine von uns etwas sagen kann, ist eine Schwester da, beugt sich über ihn und fragt: „Hallo, wie heißen Sie? Wissen Sie, wo Sie sind?" – „In Höxter", antwortet er leise, ohne zu zögern. „Logisch, in Höxter", denke ich, „dort war er ja zuletzt." Jemand ruft: „Herr Jäger ist wach!" Hektische Schritte, Stimmengewirr. Von jetzt auf gleich ist sein Bett umringt von Ärzten, Schwestern und Pflegern. Alle sind aufgeregt. Ich stehe etwas abseits und kann gar nicht sehen, was sie mit ihm machen. Als sich die Aufregung legt und das Personal wieder weg ist, schläft Theo ein. Ich trete an sein Bett und kann seine Erschöpfung förmlich spüren. „Bis morgen, Theo", sage ich, und zum ersten Mal habe ich das Gefühl, er hört mich nicht. Nicht, weil er wieder ins Komas gefallen ist – er schläft, weil sein Körper heilende Ruhe einfordert.*

Was für ein unwirklicher, großartiger, überwältigender Moment! Gegen alle Prognosen und medizinischen Erfahrungswerte wacht Theo auf. Und Ute ist auch noch genau zum richtigen Zeitpunkt da. Noch so ein kleines Wunder – oder ein glücklicher Zufall – in dieser an kleinen Wundern und glücklichen Zufällen so reichen Geschichte. Und doch: Was für ein trauriger Moment zugleich! Endlich, endlich geschieht das Unfassbare: Theo wacht auf. Und diejenige, die so unbeirrt daran geglaubt hat, steht abseits und kann erst dann zu ihm treten, als er schon wieder schläft.

Doch das nimmt Ute natürlich gar nicht so wahr. Jetzt ist es einfach nur ein Augenblick der unfassbaren Freude. Die Frauen umarmen sich, dieses Mal vor Glück und Erleichterung, dann suchen sie den nächsten Münzfernsprecher im Krankenhaus, um die Nachricht weiterzugeben: „Theo ist aufgewacht!" Familie und Freunde sind außer sich. Utes Vater sagt: „Dann hat Theo in Göttingen aber wirklich gute Ärzte." Ute aber muss an ihr Gotteserlebnis denken. Genauso wie ihr Pastor: „Ohne vermessen zu sein, die Prognose der Ärzte war so aussichtslos, da kann man schon annehmen, dass es ein Wunder Gottes war."

Auf den Freudentaumel folgt Ernüchterung, wie könnte es auch anders sein. Natürlich kehrt Theo nicht aus dem Koma zurück wie nach einem langen Schlaf, fühlt sich ausgeruht und ist wieder ganz der Alte. Dennoch fährt Ute Jäger tags drauf mit großen Erwartungen in die Klinik. Die ganze Station kommt ihr belebt vor. Doch das Gespräch mit dem Arzt ist überraschend ernüchternd. „Auf dieser Station kann Ihr Mann nicht bleiben", eröffnet er ihr: „Wir werden ihn verlegen müssen. Am besten wäre es, er käme im Anschluss sofort in eine Reha. Je eher wir eine Therapie beginnen, desto besser. Leider gibt es nur wenige Plätze. Deshalb enden auch so viele Patienten, die eine ähnliche Krankengeschichte haben, im Pflegheim, weil sie nicht in einer Therapie gefordert werden."

Für Ute bedeutet das: Wieder keine Atempause, keine Möglichkeit, sich erst mal einfach nur ein paar Tage zu freuen, dass Theo es bis hierher geschafft hat, und die Nerven zu erholen nach den aufreibenden letzten Wochen. Stattdessen wartet direkt die nächste Hürde auf sie. Der Arzt verspricht, sich zu kümmern. Und Ute nimmt die Herausforderung an, sich auf ihren veränderten Mann einzustellen.

Ute Nun gehe ich täglich mit neuen Gefühlen zu Theo, denn er ist wach. Doch was heißt das? Schnell muss ich feststellen, dass er zwar aufgewacht ist, aber nicht wirklich präsent. Wenn ich ihn besuche, sitzt er in einem Sessel mit hoher Lehne. Angeschnallt! Das hält er anfangs nicht lange aus, höchstens zehn Minuten, jeden Tag wird es mehr. Ist er wach, starrt er mit leeren Augen ins Nichts. Die kleinste Kleinigkeit ist enorm anstrengend für ihn. Oft hat er schon einige therapeutische Maßnahmen hinter sich, wenn ich nachmittags zu ihm komme. Er döst vor sich hin, zwischendrin geschüttelt von Hustenanfällen – seine Luftröhre ist noch wund, verletzt von der Atemsonde, die ihm in großer Hektik am 24. Mai gelegt wurde.

Ute sehnt sich so danach, endlich mit Theo zu sprechen, ihm von Sara zu erzählen, ihn zu fragen, wie es ihm geht. Ganz zu schweigen davon, dass es sie drängt ihm zu berichten, wie schrecklich es war, ihn auf dem Badezimmerboden zu finden, wie ungeheuer schmerzlich die Angst um ihn war und wie ungeheuer groß die Freude, dass er ins Leben zurückgekehrt ist. Doch um sie geht es jetzt nicht, das wird so bleiben. Es ist auch nicht die Zeit, darüber nachzugrübeln, was ihr fehlt oder ob sie genügend Kraftreserven hat. Sie ist damit beschäftigt, zu deuten, was Theo nun guttun würde. Er äußert sich ja kaum.

Ute Das Leben zieht in sehr, sehr kleinen Schritten in ihn ein. Ich vermute, er ist einfach noch nicht davon überzeugt, dass es sich lohnt, ganz zurückzukehren. Sein Blick ist so leer, so müde. Er scheint sich nicht einmal zu freuen, wenn er mich sieht.
Ob er auf Sara anders reagiert? Ja, er muss unser Mäuschen sehen! Leider erklärt mir der zuständige Oberarzt, dem ich hoffnungsvoll von meiner Idee berichte, dass Kinder nicht auf die Station dürfen.
Am nächsten Tag stehe ich dennoch mit Sara im Buggy vor der Stationstür. Plötzlich öffnet sich die Schleuse und der Arzt steht verblüfft vor uns. „Ist das seine Tochter?", fragt er. Er sieht sie kurz an, dreht sich zu mir, murmelt: „Moment mal …" und macht auf

dem Absatz kehrt. Ich gehe zurück in die Besucherecke. Kurz darauf kommt er zurück: „Bleiben Sie bitte hier, wir bringen Ihren Mann für einen Augenblick vor die Station." Ich bin erwartungsfroh und bange zugleich. Was kommt jetzt? Endlich öffnet sich die Schleuse mit dem vertrauten Zisch-Geräusch. Theo wird im Rollstuhl nach draußen geschoben. Der Bademantel, den ich ihm erst kürzlich gekauft habe, wirft Falten, so abgemagert ist er. Dieser merkwürdige Stuhl mit der hohen Lehne, an den Theo geschnallt ist, erinnert mich an die Hinrichtungsstühle in den USA, die ich aus den Fernsehberichten kenne. Es ist schrecklich. Der Pfleger aber grinst fast schelmisch: „Hier haben wir Herrn Jäger." Wir begrüßen Theo, ohne dass er reagiert, das kennen wir schon. Meine Eltern setzen sich wieder auf ihre Stühle zurück. Ich nehme Sara aus dem Buggy und stelle sie vor Theo, hocke mich dicht hinter sie. „Schau Theo, Sara besucht dich!" Theo sitzt fast unbeweglich im Stuhl, verzieht keine Miene. Dann, nach ein paar Sekunden, löst sich aus seinem starren Blick ein schwaches Lächeln, wie ein kurzer Blitz, als wolle er stumm „Ach, da sind sie ja!" sagen. Doch sofort fällt dieser Anflug von einer Reaktion wieder in sich zusammen zu diesem unendlich leeren Gesichtsausdruck. Ich versuche es noch einmal: „Theo, schau mal, Sara ist da." Er blickt unverändert starr mit leeren Augen. Ich werde etwas lauter: „Schau, Theo, Sara ist da!" und sage auch zu Sara: „Da ist Papa." Doch sie krallt sich bei mir fest und erkennt ihn nicht. Wie auch, mit rasiertem Kopf, klapperdürr und ohne sein Lachen. Und dann, wie aus dem Nichts, durchzuckt es Theos Körper. Er will sich nach vorn beugen, streckt die Arme aus und krächzt: „Mäuschen!"

Mir schießen Tränen in die Augen. Meine Eltern schluchzen leise. Diese Art, Sara „Mäuschen" zu nennen, das ist mein Theo! So hat er sie immer gerufen, es klingt so vertraut – und doch auch so grenzenlos unbeholfen. Allein seine brüchige Stimme! Aber er hat sie erkannt. Wenigstens für den Bruchteil eines Augenblicks. Sofort sinkt er wieder in sich zusammen und starrt vor sich hin. Sara klammert sich fest an mich, sie erkennt ihren Papa immer noch nicht, die ganze Begegnung macht ihr Angst. Dann wird Theo schon abgeholt. Zurück auf die Station, zurück in sein Bett. Ich gehe noch für eine Weile mit und schaue zu, wie er vor Erschöpfung sofort einschläft. Ich habe ihm ganz schön was zugemutet mit dieser Aktion, das merke ich jetzt. Hoffentlich hilft sie ihm, gesund zu werden.

Der Vater, der nach Hause kommt, die Arme ausbreitet und begeistert „Mäuschen!" ruft. Die Tochter, die juchzend auf ihn zustürmt. Der Inbegriff von Familienglück ist für Ute Jäger derart weit entfernt, das hat diese befremdliche Begrüßung von Vater und Tochter gezeigt. Aber dass Theo überhaupt auf etwas reagiert hat, immerhin einen Moment lang präsent war, an alte Rituale angeknüpft hat, das stärkt ihren Mut enorm. Ja, ihre Intuition war richtig: Die Begegnung mit Sara hat Theo aus seiner Starre geholt. Das bekräftigt Ute darin, an ihre Instinkte zu glauben, so zu handeln, wie sie es für richtig hält. Zudem macht ihr diese Begegnung klar: Es ist wichtig, ihn weiterzufordern und ihm Anstrengungen zuzumuten. Damit er gesund wird. Und damit er ganz zu ihr und Sara zurückkehrt.

Was sie allerdings bei aller verhaltenen Zuversicht nicht ahnt: Die Begegnung mit Sara, Ute und den Schwiegereltern ist schon längst aus seinem Gedächtnis gelöscht. Wenn er aufwacht, wird er sich an nichts erinnern.

7
Ich lebe nur im Augenblick

Aus vielen Alltagssituationen kennt man das: Hochzeit, Geburt des Kindes oder auch ein lange erträumter Urlaub – man lebt auf ein Ereignis hin, wartet sehnsüchtig oft über Monate darauf, dass es eintritt, und fragt sich erst dann, wie das Leben danach aussehen wird. Auch Ute kommt gar nicht so schnell hinterher, wie das Leben nun weitergeht. 17 Tage lang warteten sie, die Ärzte, Freunde und Familie darauf, dass Theo aufwacht. Und jetzt? Was bedeutet das? Was kommt jetzt? Die Ärzte haben immerhin einen Plan: Theo soll die Station so schnell wie möglich verlassen, um eine Reha zu machen. Seine kognitiven und motorischen Fähigkeiten müssen so schnell und umfassend wie möglich reaktiviert werden. Das Aufwachen ist nur der Anfang gewesen.

Ute hatte in ihrem Bangen, ob Theo überhaupt aus dem Koma zurückkehrt, die Frage nicht zugelassen, wie er dann sein wird, was er kann, was er nicht kann. Das war in ihrer Vorstellungskraft viel zu weit weg. Jetzt sitzt sie an seinem Bett und hangelt sich von Tag zu Tag. Mal sagt er ein paar Worte, anfangs nur „ja" oder „nein", mal reagiert er gar nicht. Zeit für eine Zäsur ist nicht. Und Ute kann nicht wirklich mit diesem Tempo, mit all dem, was momentan auf sie einströmt, Schritt halten. Eine Schulfreundin meldet sich zum Glück, bietet ihr an, an den Wochenenden bei ihr in Göttingen zu wohnen, gemeinsam mit Sara. Damit erspart Ute sich und der Zweijährigen die Fahrerei zwischen der Uniklinik und ihrer Wohnung in Höxter – und Sara kann mal auf einem richtigen Spielplatz toben, statt immer nur in der Besucherecke des Krankenhauses mit den immer gleichen Sachen beschäftigt zu werden. Doch dieses Arrangement greift nur ein Wochenende, denn der leitende Oberarzt findet einen Reha-Platz für Theo. Ute Jäger spürt den Stolz und die Freude des Arztes, seinem Patienten die beste Anschlussbehandlung ermöglichen zu können – und auch die Hoffnung, Theo in der Reha optimal zu fördern und ganz weit zu bringen.

Als sie ein Jahr später mit Theo wieder in der Klinik ist, diesmal um dort ihren kranken Schwiegervater zu besuchen, zeigt sie Theo die Station, auf der er früher lag – woraufhin Ärzte und Schwestern staunend zusammenlaufen: „Das ist Theo Jäger? Nicht wiederzuerkennen, er hat ja so viele Haare", scherzen sie und sind begeistert, dass nun doch möglich geworden ist, was aus medizinischer Sicht zunächst absolut unwahrscheinlich schien.

Die engagierte Unterstützung des Arztes und die selbstlose Hilfe ihrer Freundin tun Ute gut wie eine warme Dusche. Dass sie die Hilfe anderer nicht für selbstverständlich nimmt, ist ein Wesenszug von ihr. Nicht nur darauf zu schauen, was alles nicht da ist, sondern dankbar zu sein für all das, was einem geschenkt und von anderen an Liebe entgegengebracht wird. Nichtsdestotrotz sieht Ute dem nächsten Schritt mit beklommenem Herzen entgegen.

Ute   Die anderthalbstündige Fahrt im Krankenwagen in die Neurologische Klinik Hessisch Oldendorf verbringe ich schweigend und ziemlich angespannt auf dem Beifahrersitz. Theo liegt im hinteren Teil des Wagens. Landschaft rauscht an mir vorbei, Gedanken jagen durch meinen Kopf. Was erwartet uns als Nächstes? Wie wird es mit Theo weitergehen? Wie er sich wohl gerade fühlt? Bisher war er noch viel zu schwach, um sich zu unterhalten. Wir führen eine Frage-Antwort-Kommunikation. Ich frage, er antwortet.

Ganz selten hat er bisher auch mich etwas gefragt – aber das meiste davon erscheint mir wirr und ich weiß nicht, was er meint. Nachvollziehbar finde ich allerdings seine Frage, ob er krank sei. Aber so richtig einschätzen kann ich seinen Gesamtzustand nicht. Wie soll man einen Menschen therapieren, der so teilnahmslos und permanent müde ist? Sein Körper wirkt kraftlos. Alle seine Bewegungen sind höchst grobmotorisch und unkontrolliert. Ich kann mir unmöglich vorstellen, dass das so bleibt, habe aber auch keine Idee, wie sehr die Blutung sein Gehirn geschädigt hat. Welche Funktionen werden wiederkommen, was ist für immer zerstört? Ich versuche, mich darauf zu konzentrieren, erst mal dankbar zu sein, dass er überhaupt so schnell in die Reha kommt. So recht will es mir hier im Krankenwagen aber nicht gelingen.

Die Klinik in Hessisch Oldendorf wirkt freundlich und hell. Anders als in der Hektik einer Universitätsklinik geht es hier vergleichsweise ruhig zu. Ein Zivildienstleistender zeigt den Jägers Theos Zimmer, sein Bett, den Schrank. So freundlich man hier ist, der Geruchsmix aus Desinfektionsmitteln und abgestandenem Essensduft drückt auf die Stimmung. Weit über hundert Patienten werden hier zurzeit behandelt, alles ist bis ins kleinste Detail durchorganisiert. Wird Theo in dieser Menge untergehen? Wird man genügend Zeit für ihn haben, wo er doch so langsam und unbeholfen ist und sich nur schwer verständlich machen kann?

In der Sterilität der Intensivstation waren die Patienten unter Verbänden, Schläuchen und Gerätschaften verborgen und geschützt. Hier tragen sie ihre Verletzungen und Einschränkungen offen mit sich rum: Einige staksen mit ungelenken Bewegungen durch die Gänge, manche kichern kindisch und scheinbar grundlos. Viele haben geschorene Köpfe mit blutverkrusteten Narben. Ein brutaler Anblick für Besucher. Beklemmender noch als die Narben, die mit der Zeit verheilen werden, ist das, was man den Patienten nicht auf den ersten Blick ansieht, sondern nur erahnt und manchmal aus ihren verstörten Gesichtern herauslesen kann: Vergesslichkeit, Persönlichkeitsverlust, Orientierungslosigkeit.

Ein Arzt erklärt Ute, was jetzt auf Theo zukommt. Zunächst jede Menge Tests, dann entsprechende Therapien. Durch die Blutung sind Gehirnzellen abgestorben, die therapeutischen Maßnahmen sollen nun andere Zellen aktivieren, deren Aufgaben zu übernehmen. Ein großer Schritt, in wahrstem Sinne des Wortes, wird es sein, wieder gehen zu lernen. Aus dem Mund des Mediziners klingt das alles folgerichtig, einleuchtend und leicht. Doch als Ute zurück an Theos Bett kommt, versagt ihr für einen Moment der Mut.

Ute *Theo liegt still, draußen prahlt der Frühling weiter, strahlt dieser unerträglich perfekte blaue Himmel. Ein Brunnen plätschert. Es ist friedlich hier. Ich stelle mir vor, wie Sara über die Wiesen des Parks laufen wird. Auch der Brunnen wird ihr gefallen, sie liebt es, mit Wasser zu spielen. Schön, dass sie jetzt hier trotz der vielen Kranken um sie herum ihre kindlichen Bedürfnisse ausleben kann. Trotzdem ist es wieder eine fremde Umgebung für uns. Und vor allem für Theo. Gern lasse ich ihn nicht hier. Am liebsten würde ich bleiben und aufpassen, dass sie ihn auch richtig wahrnehmen. „Theo, ich fahre jetzt, aber morgen komme ich wieder!", sage ich. Aber er schläft längst wieder.*

So wie eine Mutter lernen muss, das Weinen ihres Säuglings zu deuten – Hunger, Müdigkeit, volle Windel – kann auch Ute im Moment nur versuchen, Theos Bedürfnisse zu erraten. Der Gedanke, dass sich das Klinikpersonal nicht so viel Mühe damit geben könnte, treibt sie um. Sie fürchtet, dass man dort Theos Signale nicht deuten kann, ihm nicht das gibt, was er braucht. Und sie hat wieder den richtigen Sensor. Denn Theo ist hier vollkommen orientierungslos. Er hat keine Ahnung, wo er ist, warum er hier ist, wer die Menschen um ihn herum sind, seit wann er hier und vor allem nicht: wer er ist.

Theo Ich weiß nicht, woran ich gerade gedacht habe, als sich ein
Gesicht vor meines schiebt. Jedenfalls guckt es mich mit ernster Mie-
ne an und fragt mich, wo wir hier sind. Ich habe vergessen, dass ich
das selbst auch gerne wissen möchte. Und ich habe wirklich keine Ah-
nung. Wie sollte ich diese Frage auch beantworten können bei diesem
fremdartigen, asiatischen Gesicht, das mich da anschaut. Irgendwie
enttäuscht verschwindet er genauso schnell, wie er aufgetaucht ist,
und lässt mich allein mit der Frage, wo ich bin. Dann liege ich in
einem Bett in einem kleinen Zimmer und habe so ein Gefühl, als
wäre gerade jemand hier gewesen, den ich kenne. Ich weiß aber
nicht, wer. Ich kenne hier niemanden. Von draußen höre ich einen
Springbrunnen. Es wird Abend. Der Tag ist vorüber. Was für ein Tag?

Das Reha-Gelände ist übersichtlich. Kein Klinikklotz, sondern
diverse zweigeschossige Gebäude, die durch gläserne Gänge
miteinander verbunden sind. Es gibt viele Ecken und Nischen
mit Bänken, die gemütliche Stimmung ausstrahlen und ein
bisschen Privatheit ermöglichen, draußen sind prächtige Blumen und ein Park. Das Grundstück wurde an den Rand eines
Wohngebietes gebaut – wer hier wegläuft und den Weg zurück
nicht findet, wird von den Anwohnern heimgebracht. Übersichtlich für Gesunde, und für die meisten Kranken gerade das
erträgliche Maß an täglichen Reizen. Theo fühlt sich dennoch
verloren.

Theo Wenn ich plötzlich auf einem riesig langen Flur stehe, ist es
besonders schlimm. Ich weiß nicht, wohin ich unterwegs bin. Es gibt
hier nichts, das ich kenne, und ich habe nicht die geringste Chan-
ce jemanden kennenzulernen. Alle, die mir begegnen, sind immer
sehr schnell wieder weg. Um mich herum rast alles vorbei. Jemand
erscheint vor mir und ist auch schon wieder verschwunden. Ich kann
von diesen kurzen Momenten nichts mitnehmen. Was ich sehe und
alles, was ich hinter mir lasse, habe ich in dem Augenblick liegen ge-
lassen, in dem ich es aus den Augen verliere. Keinen von den Leuten,

die an mir vorbeigehen, kenne ich. Merkwürdig finde ich es allerdings, dass einige mich zu kennen scheinen. Jedenfalls sprechen sie mit mir. Dann wieder liege ich wach in meinem Bett und es ist mir klar, dass es nicht mein Bett ist. Irgendetwas muss total falsch gelaufen sein und ich habe den Moment, in dem das passiert sein muss, völlig verpasst.

Die Gedanken, die Theo hier scheinbar reflektiert wiedergibt, sind im Juni 1982 tatsächlich nur Gedankensplitter – sie kommen, sie gehen, sie haben keinen Zusammenhang. Später, als er wieder schreiben kann, hält er die Empfindungen fest. Anfangs auf Zetteln und Servietten, später in einem Heft – auch um vielleicht wenigstens nachträglich zu verstehen, was im Einzelnen passiert ist.

Sein Alltag in der Rehaklinik hat einen festen Stundenplan, doch für ihn fügen sich die Eindrücke nicht zu einer sinnhaften Struktur zusammen. Es sind Momentaufnahmen, die gerade deshalb so bedrohlich wirken, weil das *Davor* und *Danach* fehlen.

Theo   Dann finde ich mich in einer kleinen Gruppe wieder, die um einen Tisch sitzt. Was soll ich hier machen? Vor mir liegt etwas, das wie ein Spiel aussieht. Ob ich rechnen soll? Das sind simpelste Aufgaben: 2+3=?, das erkenne ich sofort. Aber als ich nach dem passenden Antwortschild auf dem Tisch suche, vergesse ich die Aufgabe gleich wieder.

Ohne Übergang komme ich plötzlich auf einer Matte in einem riesigen kalten Raum zu mir. Ich liege, neben mir hockt eine Frau, die mir zeigt, was ich machen soll. Leichte Übungen: Ich soll mein Bein anheben. Aber warum ist das so unbeschreiblich anstrengend?

Dann sitze ich mit anderen in einem Zimmer. Ich sehe sofort, dass es sich um behinderte Menschen handelt. Hier wird sehr langsam gesprochen und ich weiß nicht, was ich hier zu suchen habe. Hier? Wo ist hier? Wo bin ich? Ich weiß nicht, wie schnell ich die Frage wieder vergesse. Es ist einfach nur beklemmend hier.

Ich sitze an einem Tisch und denke, nun gibt es etwas zu essen. Dann setzt sich mein Rollstuhl in Bewegung und ich werde nach hinten weggefahren. War wohl nichts mit Mittag. Der kühle Fahrtwind streift mir durchs Gesicht und die Reifen meines Stuhls quietschen leise.

Ich weiß nicht, ob ich stehen gelassen wurde oder ob ich selbst gefahren bin: Über mir hängt ein Schild und es ist nicht leicht für mich, die Buchstaben zu entziffern. Ich vermute, dass mir das Schild verraten könnte, wo ich bin, nur kann ich die Schrift nicht erkennen, weil ich alles doppelt sehe.

Mit einer kleinen Gruppe sitze ich um einen Tisch. Vor mir liegt Papier und ich soll Fragen beantworten. Kann ich eigentlich schreiben? Dann fange ich an, doch es fällt mir unbeschreiblich schwer, die Fragen zu lesen. Ich vergesse immer sofort, was ich gelesen habe.

Irgendwann macht sich Unruhe in mir breit, weil ich nicht die geringsten Informationen darüber bekomme, wo ich hin muss. Außerdem finde ich, dass ich viel zu viele Termine habe. Habe ich hier überhaupt Zeit zum Schlafen?

Als es dann wieder Abend wird, habe ich den Tag, der für mich soeben zu beginnen scheint, vollständig verpasst. Ich kann mich an nichts erinnern, auch nicht daran, wie ich ins Bett gekommen bin.

Situationssplitter, schemenhafte Erinnerungen, scheinbar ohne Verbindung aneinandergereiht. Sitzt Theo in einer Anwendung, weiß er nicht, dass er zuvor gefrühstückt hat und von einem Zivildienstleistenden hierher gebracht wurde. Er erinnert nicht, dass er jeden Morgen zur gleichen Zeit hier ist und er hat keine Ahnung, wie der Tag weitergeht. Warum er die Krankengymnastik macht und warum er überhaupt in der Reha-Klinik ist, weiß er genauso wenig. Als verpflanze man eine Blume ständig wieder in einen anderen Topf.

Das Einzige, was irgendwie hängen bleibt, sind die Besuche von Ute. Nicht dass er ihren Namen wüsste oder auch nur, dass sie seine Frau ist. Aber das Gefühl, das er empfindet, wenn sie in seiner Nähe ist, das löst etwas in ihm aus. Es ist schön; die Verbindung zu Vertrautem, auch wenn er dieses Vertraute im Moment nur ahnen, irgendwie spüren kann.

Theo *Völlig unvermittelt steht eine Person vor mir, die ich kenne. Ich weiß nicht, wie oder woher sie gekommen ist. Eine Frau mit langen Haaren und in einem Kleid. Oder ist es ein Mädchen? Sie ist so klein. Ich kenne sie. Mehr weiß ich nicht. Die Kleine gefällt mir, auch wenn ich keine Ahnung habe, wer sie ist. Aber ich kann fühlen, dass ich schon lange mit ihr bekannt bin. Wie sie heißt, weiß ich nicht. Dann ist sie sehr schnell wieder weg und ich weiß auch schon nicht mehr, dass sie bei mir war. Irgendwann steht sie plötzlich wieder vor mir. Sie scheint mit dem Haus hier weiter nichts zu tun zu haben und ich frage sie dieses Mal, ob sie wisse, wo wir hier sind und warum ich hier bin. Noch während sie mir sagt, was mich so brennend interessiert, vergesse ich jedes Wort.*

Theo erkennt Ute nicht. Er weiß ihren Namen nicht. Er weiß nicht, dass sie seine Frau ist, er weiß nichts von ihrer gemeinsamen Zeit. Aber er *fühlt*, dass er sie kennt. Doch da sein Gehirn ihm in seinem verletzten Zustand nicht die Informationen liefern kann, die dieses Gefühl zu etwas Greifbarem machen würden, bleibt diese Empfindung in erster Linie verwirrend.

Theo *Dann fährt jemand an mir vorbei, dessen Kopf rasiert ist. Ich bin mir sicher, dass etwas Schlimmes geschehen sein muss. Die Kleine schiebt mich dann in den Park. An meinem Rollstuhl fehlt eine Ablage für meine Füße. Ich kann sie nirgends draufstellen und muss sie anheben, damit wir fahren können. Die Anstrengung in meinen Beinen ärgert mich. Wir sitzen dann beide in der Sonne und ich beobachte ein kleines Mädchen mit blonden Locken. Es zieht eine Holzente hinter sich her und wirft sie schließlich in ein Wasserbecken. Ich würde gern dort in der hellen Sonne bleiben und dem Mädchen weiter zusehen, aber ich verliere es aus den Augen.*

Irgendwann steht sie dann vor mir und ich bin verwirrt über das Gefühl, das ich nur bei ihr empfinde. Sie sagt mir, dass ich schwer krank gewesen bin, aber dass es mir jetzt viel besser geht und dass ich wieder ganz gesund werde. Wenn ich auch noch nicht in meinem Gedächtnis behalte, was sie mir sagt, glaube ich ihr jedes Wort. Und ich bin fest davon überzeugt, dass ich nur noch eine kurze Zeit hier aushalten muss. Dann erzählt sie mir, dass mein Kurzzeitgedächtnis gestört ist. Was das bedeutet, weiß ich nur zu genau. Ich lebe im Augenblick, in unglaublich kurzen Momenten. Dass sie gesagt hat, ich werde wieder gesund, beruhigt mich ungeheuer. Mir ist, als hätte ich das Schlimmste geschafft. Leider ist sie nur sehr kurz bei mir und ich weiß nicht warum, aber ich bekomme Panik bei dem Gedanken, dass ich sie nie wiedersehen könnte.

8
Das sind also
die schlechten Zeiten

Theo kennt sich selbst nicht. Und er ist nicht wiederzuerkennen. Äußerlich allein wegen des Haarflaums, der jetzt auf seinem kahlen Schädel sprießt, und der Narbe, die seitlich auf dem Kopf prangt, umrahmt vom grell-schmutzigen Rot des Jods. Außerdem hat er rund 30 Kilo abgenommen. Das Schlimmste aber ist der starre Blick – desinteressiert, traurig, leblos. Er wirkt völlig apathisch. Zurückgezogen in seine eigene Welt. Seine Bewegungen sind hölzern und unkontrolliert, es ist ein erbärmliches Bild, das einen vor Mitleid umtreibt.

Wenn Theo plötzlich in eine seiner heiseren Lachsalven ausbricht, ist sein Anblick kaum zu ertragen. Die Medikamente, die er hier täglich verabreicht bekommt, haben halluzinierende und aufhellende Wirkung. Das ist die Standardbehandlung in solchen Fällen. Theo erlebt in der Reha, so absurd das klingt, eine heitere Zeit, wie übrigens die meisten Patienten dort. Für Außenstehende aber ist es befremdend, das alles zu beobachten.

Theo   Ich sitze an einem Tisch und bemerke plötzlich, dass da noch andere Tische sind, an denen Menschen sitzen. Dass viele einen Rollstuhl unter sich haben, erstaunt mich nicht. Wie ich an diesen Tisch gekommen bin, weiß ich nicht. Dann entdecke ich, dass ich mich fast vollständig unter einem Handtuch befinde. Warum das denn? Diese Situation kann ich mit nichts vergleichen, da ich so etwas noch nie erlebt habe. Beim Essen bemerke ich, dass ich alles doppelt sehe und fühle mich ziemlich behindert. Auch als sie vor mir auftaucht, kann ich ihr Gesicht gar nicht genau erkennen. Schnell halte ich mir ein Auge zu. Jetzt geht es etwas besser.

Wie geht man damit um, wenn einem die im Laufe der Jahre erlernten, normalen Umgangsformen nicht mehr zu Verfügung stehen, wenn man nicht richtig sprechen und sich dem anderen mitteilen kann? Wenn sich die Rollen des Miteinanders plötzlich fundamental ändern. Wenn zwischen zwei Menschen, die bisher auf Augenhöhe zusammengelebt haben, ein fast unüberwindbares Gefälle entsteht und keiner den Eintritt in die Welt des anderen findet. Man kann sich in einer solchen Situation verlieren. Und auch Ute merkt ganz stark diesen Moment der Entfremdung.

Ute *Der lange Flur vor den Patientenzimmern dient als Speiseraum. An den Tischen sitzen Patienten in ihren Rollstühlen. Frotteehandtücher hat man zu überdimensional großen Lätzchen umfunktioniert und den Patienten umgebunden. Vor ihnen steht das Abendbrot. Einige essen, einige starren einfach nur vor sich hin und das Essen bleibt unberührt. Manche werden von Angehörigen, Schwestern oder Pflegern umsorgt. Da entdecke ich meinen Theo mittendrin an einem Tisch. Er liegt nicht schlafend in seinem Bett! Wie schön!*

Auch Theo trägt ein Handtuchlätzchen, das ihm vom Hals an abwärts bis über den Schoß reicht. Sein Blick ist unbeweglich und leer. Auf dem kahl geschorenen Kopf befindet sich noch großflächig die rote OP-Bemalung rund um die Stelle, an der die Drainage lag. Der Anblick trifft mich wie ein Schlag. Meine Eingeweide rebellieren gegen das, was ich sehe. Langsam gehe ich auf Theo zu, zwinge mich, ihn anzulächeln. Keine Reaktion. Nie ist mir Theo so fremd vorgekommen. Dieses Handtuchlätzchen an dem Mann, den ich seit sieben Jahren liebe, leidenschaftlich, zärtlich, körperlich und geistig.

Das geht einfach nicht! Sein Anblick ist entwürdigend und meine Reaktion erschreckt mich: Dieser Theo im Rollstuhl mit Lätzchen ist mir unendlich fremd. Was habe ich mit diesem bedauernswerten Kranken zu tun? Seine ganze Persönlichkeit ist wie zurückgesetzt. In den Zustand eines Kindes. Ein erwachsenes Kind mit Lätzchen. Seine Mimik, seine Bewegungen – fremd. Und alles das, was meinen Theo bisher ausgemacht hat, ist weg!

Sie hat seine Stärke so geliebt, diesen 35 Zentimeter größeren Mann, der Schutz versprach und bot. Ohne sich ihm gegenüber je klein zu fühlen, hat Ute die körperliche und geistige Überlegenheit ihres Mannes immer sehr bewundert und als Ergänzung zu sich selbst erlebt. Ute spürt, dass beim Anblick von Theo im Rollstuhl mit Lätzchen etwas in ihr zu zerbrechen droht: die Zärtlichkeit, die Begeisterung, die Anziehung zwischen ihr und Theo. Von Erotik ganz zu schweigen.

Es ist ein Moment, in dem andere vielleicht gehen würden. Zunächst nur innerlich, später buchstäblich. Während der Zeit in der Reha erleben die beiden etliche Paare, bei denen es plötzlich heißt, der gesunde Partner komme nicht mehr. Auch Ute fühlt sich erst mal erschlagen von der Wucht dieser Begegnung mit Theo. Doch hier, beim Abendessen mit ihm, ist kein Platz dafür, sich in Ruhe innerlich zu sortieren. Sara ist dabei, ihre Schwiegermutter ebenfalls. Ute schaltet vorerst auf Autopilot und funktioniert zunächst nur mechanisch weiter.

Ute   Ich mache meiner Schwiegermutter Platz. Sie drückt ihren Sohn, die Augen sind feucht. Diese Trauerstimmung ertrage ich nicht, also nehme ich Sara auf den Arm, stelle mich vor ihn. Sag mal: „Hallo Papa!" Die Kleine guckt erst skeptisch, dann aber strahlt ihn das süße Gesichtchen an. „Da, Papa!", sagt sie und zeigt mit ihrem winzigen Speckfinger auf Theo. Er reagiert, strahlt – ohne sie mit Namen anzusprechen. Ich lasse sie wieder runter, meine Schwiegermutter nimmt sie bei der Hand.

Ute lässt nicht locker, Reaktionen aus Theo herauszukitzeln. Diesen apathischen Menschen zu echter Teilnahme am Leben zu bewegen. Es geht ständig hin und her, ein Wechselbad der Gefühle: Mal reagiert er, dann wieder nicht. Oder so, dass es ihr Angst macht. Theos Reaktionen sind nicht einschätzbar, im einen Moment ist er ein instinktgesteuertes Wesen, im anderen scheint zumindest ein wenig ihr geliebter Theo durch.

Ute *„Hast du gar keinen Appetit?", frage ich ihn. Theo schaut auf das Wurstbrot vor sich, will danach greifen, fasst daneben und lacht lauthals los. Selbst sein Lachen hat er nicht unter Kontrolle. Es ist leise, gedämpft und merkwürdig heiser. Und wird schließlich zu einem Husten. Immer wieder rüttelt dieser Husten seinen Körper durch, seitdem ihm die Sonde aus dem Rachen entfernt wurde. „Komm, trink mal etwas!" Ich gieße ihm Tee in die Tasse, puste, damit die Flüssigkeit abkühlt, und lasse ihn langsam schlürfen. Gar nicht so einfach. Dann reiche ich ihm Brothäppchen an. Ich muss an unserer letztes gemeinsames Frühstück denken. Da hat er selbst Sara so gefüttert.*

Wenig später schiebe ich ihn im Rollstuhl den Gang hinunter. Mein Mann im Rollstuhl! Früher hat er mich mit seinen langen, kräftigen Armen aufgefangen, festgehalten oder einfach hochgehoben. Bei Theo habe ich mich schon allein wegen seiner Größe immer so sicher und geborgen gefühlt. Jetzt ist es komplett andersherum. Meine kurzen, aber muskulösen Arme nehmen ihn einfach mit. Er ist leicht. Unheimlich leicht.

Vieles zerbricht. Die Unbeschwertheit ihrer Zweisamkeit, die Verliebtheit, die Leidenschaft, das Gefühl, durchs Leben hüpfen zu können, sich Träume zu erfüllen, wenn nur der andere da ist. Jemanden zu haben, der das Beste aus einem herausholt, mit dem zusammen die Welt offensteht. Doch jetzt: Leichtigkeit, Leidenschaft, Erotik – weg! Vielleicht noch ein Gefühl der Zärtlichkeit, überwuchert von dem Gefühl des Mitleids. Doch am schlimmsten ist diese Fremdheit – wer ist dieser Mann? Er weiß offenbar nicht mal selbst, wer er ist.

Ute *Was ist mit seinem Wissen? Alles was ihn zuvor ausmachte, ist auch das alles einfach weg? Alles, was ihn in 25 Jahren zu dem gemacht hat, der er bis vor Kurzem noch war? Dass er nun nicht mehr laufen, lesen, schreiben oder verständlich sprechen kann und grobmotorisch reagiert, ist eine Sache. Dass er aber auch seine Persönlichkeit verloren hat, macht mir viel mehr Angst. Es war natürlich zu erwarten, dass das Koma Theo nachhaltig mitnimmt, wie jeden anderen Menschen auch. Aber hier in der Reha kommt es mir regelrecht zerstörerisch vor, was die Gehirnblutung mit Theo gemacht hat.*

Während Ute ihren Mann nachdenklich durch die Klinik schiebt, arbeitet es in ihr weiter. Sie sucht nach einem Ausweg, dieses furchtbare und erschreckende Gefühl der Fremdheit loszuwerden.

Ute *Mein Herz reibt sich an seinem Anblick wund. Es tut so schrecklich weh, ihn so zu sehen. Wie zerbrechlich, hilflos und ausgeliefert er ist. Ich denke an die Gespräche mit unserem Pastor, bevor wir geheiratet haben. Oft haben wir in der Zeit darüber geredet, dass zwei Menschen eins werden, wenn sie heiraten. Ich habe das immer so verstanden, dass es die Verbundenheit und Innigkeit von Eheleuten meint. Jetzt begreife ich es neu. Wenn wir eins sind, bin ich Theos gesunder, aktiver Teil. Dann braucht er mich. Egal wie die Umstände sind, wir beide gehören als Ganzes zusammen, jeder mit seinem Part. Ich leide, weil er leidet. Er braucht mich. Ich bin seine gesunde, aktive Hälfte. Komisch, der Gedanke gibt mir Kraft und nährt meine Hoffnung. Wir gehören zusammen, egal wie die Umstände sind.*

Und wieder trifft Ute eine Entscheidung. Sie lässt das Gefühl der Entfremdung nicht zu. Das will sie einfach nicht.

Stattdessen schreitet sie zur Tat und wird auch hier, nachdem sie zunächst bei der Begrüßung total verstört ist, im Laufe ihres Besuchs bei Theo mit einem besonderen Erlebnis belohnt.

Ute *Ich schiebe Theo in sein Zimmer. Mich stört seine Bemalung auf dem kahlen Schädel. Kann das niemand wegmachen, das muss doch nicht sein! „Weißt du was, ich wasche dir erst einmal diese Jodrückstände ab", sage ich. „Jod?", fragt er. „Ja, du hast am Kopf eine kleine Öffnung, die noch verheilt." Ich schnappe seinen Rollstuhl und schiebe ihn ins Bad, direkt vor den Spiegel. Theo scheint sich gar nicht zu erkennen. Wie soll er sich dann auch an dem Fleck auf seinem Kopf stören? In Gedanken versunken, reibe ich die Farbe vorsichtig mit einem Lappen ab.*

„Danke, dass du immer da warst!", sagt er nach einer Weile, leise und ganz ruhig. Was war das gerade? Wie spricht er denn auf einmal? Ganz anders, so erwachsen. Ich hake nach, will rauskriegen, wie sehr er über seine Lage Bescheid weiß und an was er sich erinnert. „Wo war ich immer, Theo? Was meinst du?", frage ich. „Na, du bist doch immer bei mir gewesen!", sagt er ganz selbstverständlich.

„Wie, das hast du gemerkt?" Ich stehe wie versteinert neben ihm und schaue ihn an. „Ja, klar!", sagt er und es klingt beinahe ein bisschen empört, als sei es ganz normal, dass Koma-Patienten alles mitbekommen, was um sie herum passiert. „Was haben die an meinem Kopf gemacht? Bin ich operiert worden?", fragt er dann unvermittelt. „Haben die Ärzte mit dir gesprochen?", frage ich. „Nein, ich lag doch auf einem Tisch im OP. Dort waren Leute mit Mundschutz und so – und arbeiteten hektisch an mir herum. Da waren vielen Geräte und medizinische Instrumente. Ich habe mich dort liegen gesehen. Von oben habe ich alles verfolgt." Gänsehaut kriecht meine Arme hoch. Ich bin sprachlos. Er hat mich wahrgenommen! Wie klar und selbstverständlich er vom Koma erzählt! Überhaupt nicht wirr. Geht es ihm besser?

Was für ein denkwürdiges Gespräch. Und was für eine Bandbreite der Gefühle an nur einem Nachmittag, innerhalb von vielleicht anderthalb Stunden. Wieder hat sich gezeigt, dass Ute ihrer Intuition vertrauen kann. Der Moment im Bad, in dem sie ihn wie eine Pflegerin behandelt, bringt die Ruhe, die Theo braucht, um sich zu sammeln und in Kontakt zu ihr zu treten. Sogar Gefühle kann er ausdrücken, er zeigt seine Dankbarkeit. Und vielleicht hat er auch gespürt, dass Ute die gleichen Fragen beschäftigen, die er sich selbst stellt.

Theo   Diese Tage kommen mir wie die interessantesten Stunden meines Lebens vor. Ja, dass ich lebe ist natürlich das Interessanteste dabei. Noch viel spannender ist aber die Frage, die unerwartet in mir auftaucht. Wer bin ich? Was habe ich in meinem Leben bis zu diesem Zeitpunkt gemacht? Als ich das erste Mal darüber nachdenke, bin ich nicht allein. Sie ist bei mir. In mir gibt es ein Gefühl, das mir verrät, dass es mich schon mal eine ganze Zeit gegeben hat.

Für einen kurzen Moment habe ich Angst davor zu erfahren, was mit mir los ist. Wer bin ich? Sie hilft mir, diese Frage zu beantworten. Schon allein wegen des Gefühls, das ich immer habe, wenn sie unerwartet da ist. Auch wenn ich ihren Namen nicht kenne, ist mir irgendwie bewusst, dass wir eine Vergangenheit haben müssen, mit vielen Gemeinsamkeiten. Nur wie diese Vergangenheit aussieht, was da gewesen sein könnte, davon habe ich keine Ahnung.

Ute   Mir fällt ein, dass ich ihm seine persönlichen Gegenstände noch nicht gegeben habe. Bisher hatte ich Sorge, sie könnten abhandenkommen. Und er hat auch nicht danach gefragt. Doch es interessiert mich, ob er Vertrautes wiedererkennt. Und ich will ihn mit dem konfrontieren, was zu seinem bisherigen Leben gehörte.
„Theo, ich habe dir deine Uhr mitgebracht. Ist doch gut, oder? Soll ich sie dir anziehen?" – „Meine Uhr?" Erstaunt schaut er sie an, als würde er sie zum ersten Mal sehen. Dann nehme ich den

*Ring. „Deine Sachen hat man dir im Krankenhaus Höxter abge-
nommen und mir gegeben. Deine Jeans ist noch in Ordnung, aber
dein Hemd haben sie zerreißen müssen. Deinen Ehering habe ich
auch mitgebracht." Während ich erkläre, nehme ich seine Hand und
stecke ihm seinen Ring auf. Mir ist in diesem Moment nicht klar, wie
wichtig er für Theo ist. Und wie wichtig für uns.*

*Bisher hat er mich nicht mal mit meinem Namen angesprochen.
Auch hat er mich nicht berührt, nicht einmal nach meiner Hand
gefasst. Schweigend, nachdenklich schaut er auf seinen Ring. Mir
schießt durch den Kopf, dass ich in jener Nacht, als der Arzt mir er-
öffnete, was mit ihm geschehen ist, unwillkürlich an unser Eheven-
sprechen denken musste. Wie leicht kam es uns damals bei der Trau-
ung über die Lippen, „... in guten wie in schlechten Tagen einander
zu ehren und zu achten."*

*Das sind jetzt also die schlechten Tage. Ich habe ihm versprochen,
zu ihm zu stehen. Jetzt kann ich nicht einfach weglaufen. Wohin
auch? Ein Leben ohne ihn kann ich mir nicht vorstellen. Ich muss
ihm helfen, diese Zeit durchzustehen. Wir haben die Zusage bekommen, dass er gesund wird. Nach wie vor glaube ich, was ich gehört
habe. Die Zusage Gottes ist ständig in meinem Kopf und hält meine
Hoffnung fest.*

*Aber da ist noch etwas. Über unsere Liebe haben wir nie gespro-
chen, das fanden wir irgendwie kitschig und haben das Wort vermie-
den. Doch jetzt spüre ich ein ganz tiefes Gefühl von Liebe zu Theo.
Ganz anders als bisher fühlt sich das an, größer, bedeutender. Aus
dem Schwebezustand von Faszination, Leidenschaft und Zärtlichkeit falle ich auf den Boden. Doch der Boden ist gerade dieses neue
Gefühl tiefer Verbundenheit zu Theo. Verantwortung – dieses Wort
ist der Schlüssel. Ich bin mir absolut sicher: auch er würde in schlechten Tagen bedingungslos zu mir stehen. Ich fühle mich mit ihm verbunden. Auch in seinem Anderssein. Ich bin fest entschlossen, ihm
dabei zu helfen, zu entdecken, wer er war. Ihn dabei zu unterstützen,
körperlich und geistig wieder zu Kräften zu kommen.*

„Du wirst wieder gesund, Theo!" Ich schaue ihm eine Weile fest in die Augen. Er schaut mich ganz klar an: „Ich werde gesund?", fragt er ungläubig? „Ja, ganz sicher!", sage ich. Und genau so meine ich es auch.

Vom kalten Gefühl der Entfremdung hin zu der Sicherheit, gemeinsam auch die schweren Zeiten durchzustehen. Ein Gefühl, das immer wieder auf die Probe gestellt wird und im Alltag manchmal schlicht in der Fülle von Aufgaben untergehen wird. Doch wann immer Ute in den nächsten Jahren und Jahrzehnten schwach und verzagt ist, wird sie sich an diesen Moment erinnern. Den Ring hat sie ihm mit einer gewissen Nüchternheit aufgesteckt – die Szene ist weit von einem gefühlsduseligen Erneuern des Eheversprechens entfernt, wie es Paare häufig zur Auffrischung der Leidenschaft ablegen. Und doch spielt sich im Hintergrund genau dies ab: Ute entdeckt eine andere Ebene der Liebe, eine Basis für die nächsten 25 Jahre. Auch für Theo ist dieser Augenblick ganz zentral. So gering sein Reflektionsvermögen an dieser Stelle sein mag, so groß sein Unvermögen, seine Lage einzuschätzen: Als Ute ihm erklärt, dass sie miteinander verheiratet sind, in dem Moment, in dem sie ihm den Ehering aufsteckt, dockt er an seine Vergangenheit an. An sein vorheriges Leben als Mann und Vater.

Theo Sie nimmt meine Hand und steckt mir einen Ring auf den Finger. Sie ist also meine Frau. Deshalb kenne ich sie! Das Gefühl, das ich habe, wenn sie bei mir ist, kenne ich, weil ich es schon immer verspürte, wenn sie bei mir war.

Sie sagt, dass ich schwer krank gewesen bin, aber dass es mir jetzt viel besser geht und dass ich wieder ganz gesund werde. Wenn ich auch nicht viel in meinem Gedächtnis behalten kann, ich glaube ihr jedes Wort. Es beruhigt mich ungeheuer.

Ohne sich zu verabschieden, geht sie. Als sie die Tür schließt, nimmt sie meine Erinnerung mit. Aber den Ring an meiner Hand und die Uhr an meinem Arm hat sie dagelassen.

Es ist unglaublich. Theo erinnert nicht mal, dass Ute sich – selbstverständlich – von ihm mit einem Kuss verabschiedet hat. Er weiß nichts mehr davon, dass sie ihm gerade erst die Jodrückstände auf seinem Kopf abgewaschen hat. Doch in dem kognitiven Nebel, der Theo umgibt, wird ein Satz seiner Frau zum zentralen inneren Wissen – „Du wirst gesund werden". Vier Worte, die ihm ab jetzt immer wieder einfallen werden, zwischen all den Gedanken- und Erlebnisschnipseln. Meist weiß er nicht, wohin er soll, ob er im richtigen Zimmer liegt, was eine Minute zuvor passiert ist. Aber der Gedanke, dass er wieder gesund wird, setzt sich fest.

Ute hat ihrem Mann die Gewissheit, die sie selbst im Gebet erfahren hat, weitergegeben. Jetzt sind sie wieder vereint, egal wie groß das gesundheitliche und mentale Gefälle zwischen ihnen im Moment auch sein mag, Doch der Glaube an Theos Heilung verbindet sie zu einem Ganzen.

9
Kannste vergessen!

Als Theo im Koma lag und glaubte, die Welt hinter sich gelassen zu haben, fühlte er einen starken Sog, der ihn ins Leben zog. Doch so ganz kehrt er vorerst nicht zurück. Einerseits, weil er wie ein kleines Kind die meisten Fähigkeiten neu erlernen muss – allein essen, gehen, schreiben, lesen, rechnen. Und auch weil der Erfahrungsschatz seines bisherigen Lebens ihm noch verschlossen ist. Die Fragen: Wer bin ich? Wo bin ich? Warum bin ich hier? Das ist beängstigend, aber auch spannend. Denn er entdeckt jeden Moment die Welt neu. Mit seinen durch die Verletzung des Gehirns hochsensiblen Sinnen nimmt er Alltägliches wie ein Wunder wahr. Blumenpracht! Vogelgezwitscher! Kuchenduft.

Nicht den Ballast der Vergangenheit mit sich herumzutragen, hat auch sein Gutes. Theo geht ohne Vorurteile durch die Welt. Alles ist neu, alles beurteilt er vorbehaltlos. Und durch die Medikamente überwiegen bei ihm ohnehin Heiterkeit und Optimismus statt Schwermut und Existenzangst.

Theo   Alles in diesem Sommer ist so außergewöhnlich. Meine ganze Empfindungsfähigkeit ist derart intensiv, meine Nerven liegen schutzlos da. Vieles kommt mir ungeheuer originell vor. Und nie zuvor war ich so voller Optimismus, es ist eine sorgenfreie Zeit. Ich freue mich einfach zu leben, an dieses Gefühl würde ich mich gern gewöhnen. Vielleicht kommt es auch daher, dass ich ohne meine Vergangenheit lebe ...

Wenn ich morgens aufwache, weiß ich nichts mehr vom vorherigen Tag. Nur das Zimmer und das Bett, in dem ich liege, kommen mir bekannt vor. Aber was hier bisher passiert ist, wie lange ich hier bin, und wie es nach dem Frühstück weitergehen wird, weiß ich nicht. Wenn ich am Tisch sitze, könnte ich nicht sagen, ob ich mich gewaschen und meine Zähne geputzt habe. Ich starre den Tisch an, ich sehe inzwischen etwas besser, aber immer noch alles doppelt. Vor mir steht ein Gedeck, ein Korb mit Brötchen. Dass sie sehr gut schmecken, weiß ich. Dass in der Metallkanne Kaffee ist, auch. Aber ich kann mir nicht merken, ob noch Kaffee in der Kanne ist. Ich will mich nicht blamieren, deshalb hebe ich unauffällig die Kanne an und schwenke sie kurz, dann stelle ich sie wieder ab. Wie es jetzt weitergehen wird, weiß ich nicht.

An einem sonnendurchfluteten Tag schieben sie mich in meinem Stuhl durch warme Luft. Keine Ahnung, wo wir hier sind. Ich weiß auch nicht, welche Stadt hier in der Nähe sein könnte. Während sie mich durch so etwas wie einen Irrgarten schieben, vergesse ich alles, woran wir gerade vorbeigelaufen sind. Würden sie mich jetzt stehen lassen, wäre ich verloren, bis jemand mich findet. Aber interessant finde ich es hier. Vor allem die Gerüche, die ich noch nie in meinem Leben wahrgenommen habe, geben mir das Gefühl, ich sei in einer anderen Welt.

Ich bekomme jetzt nicht mehr auf dem Gang zu essen, sondern in einem Speisesaal. Dort sitzt auch eine junge Frau, die ich kaum verstehen kann, weil sie so merkwürdig spricht. Jedes Mal, wenn sie ein Pfleger auffordert zu essen, sagt sie: „Ich esse keine toten Tiere." In diesen Tagen merke ich, dass alles, was ich zu mir nehme, sehr eigenartig schmeckt. Besonders Fleisch. Es hat einen Geschmack, den ich nicht kenne. Beim Kauen habe ich ein Gefühl, als wenn ich direkt in ein Schwein beißen würde und das rohe Fleisch sei lediglich ein bisschen erwärmt.

Außerdem kann ich ungewöhnlich gut riechen und hören. Das mit dem Riechen ist manchmal unangenehm, aber nicht uninteressant. Nie hätte ich gedacht, was es alles an Gerüchen gibt. Die

Blumen im Park, das Shampoo der Kleinen oder das Rasierwasser von dem Mann in meinem Zimmer. Im Fahrstuhl zum Café stinkt es allerdings ziemlich unangenehm nach Öl oder Gummi. Eklig. Dieser lahme Fahrstuhl ruckelt jedes Mal unendlich langsam vor sich hin. Und dazu der fiese Geruch. Weg hier! Ich will hier raus!

Es ist beinahe rührend, wie enthusiastisch Theo die Welt um sich herum erschließt, an Blumen riecht, ein Eis genießt. Heute, in Zeiten von Achtsamkeitsseminaren, muss diese Sensibilität für das Alltägliche zum Beispiel Burn-out-Patienten mühsam wieder beigebracht werden.

Theo kann diese Sinnen-Flut allerdings nicht einordnen, sie überschwemmt ihn förmlich und wird ihm oft zu viel. Immerhin, momentweise kann er sie genießen. Schwierig, das zeigt sich nach ein paar Wochen in der Reha, wird es für ihn immer dann, wenn er an seine Grenzen stößt. Sobald er merkt, dass er nicht so kann, wie er gern würde. Und sein Therapieplan fordert ihn sehr: Krankengymnastik, Ergotherapie, Hirnleistungs- und Funktionstraining, Schulunterricht, Belastungserprobung in der Holzwerkstatt und physiotherapeutische Maßnahmen. Mit all dem ist er vollauf beschäftigt.

Theo *Mit anderen Menschen sitze ich an einem Tisch. Der Therapeut legt Bilder vor uns hin. Eine nicht gerade kurze Zeit liegen sie direkt vor unseren Augen und wir sollen uns einprägen, was darauf zu sehen ist. Für mich war der Augenblick, in dem ich die Bilder sehen konnte, viel zu kurz. Außerdem habe ich schon wieder vergessen, was wir machen sollten. Mein Gedächtnis ist wie ein Sieb, allerdings eins mit sehr großen Löchern.*

Ich werde in ein Zimmer gefahren, in dem ich wirklich noch nie gewesen sein kann, und vor einem Tisch stehen gelassen. Der Pfleger verschwindet. Ein Mann gibt mir einen Zettel mit Aufgaben. Die Schrift ist unvorstellbar klein. Ich lege das Blatt bald zur Seite, weil es vor meinen Augen flimmert. Als ich mich umsehe, merke ich, dass es sich bei diesem Raum um eine Werkstatt handelt, in der einige Leute arbeiten. Ständig verlegt einer etwas und muss es suchen. Jedenfalls dröhnen hier jede Menge wütender Flüche durch den Raum, weil jemand etwas nicht findet. Hier ist was los! Eigentlich scheinen hier alle etwas zu suchen, das sie nicht finden können.

Ich suche nicht, da mir nicht einfällt, was ich suchen könnte. Ich soll einen Holzkerzenständer feilen. Nichts Besonderes eigentlich, das ist mir klar. Doch als ich mit der Arbeit beginne, fällt mir auf, dass das überhaupt nicht leicht ist, wenn man alles doppelt sieht. Ich kneife ein Auge zu. Jetzt geht es besser. Ist aber auf Dauer anstrengend. Dann bemerke ich, dass ich meine Hände nicht immer so bewegen kann, wie ich es will. Wenn ich zum Beispiel versuche, die Feile zu greifen, spreizen sich die Finger plötzlich. Je konzentrierter ich bin, desto stärker wird das. Fasse ich so nebenbei zu einem Werkzeug, klappt es besser. Wenn meine Hand nicht macht, was ich will, bekomme ich ein bedrückendes Gefühl.

Das hier ist anstrengend, aber es nützt mir nichts, auf die Uhr zu schauen, denn ich weiß nicht, wann ich hierhergebracht wurde und wann ich wieder abgeholt werde. Ich weiß ja nicht mal, dass es ein Davor und Danach gibt. Endlich kommt ein Pfleger und sagt, dass ich nun fertig sei. Ich nehme unaufgefordert den Handbesen und mache den Schraubstock sauber, an dem ich gearbeitet habe. Das kommt mir jetzt bekannt vor, das kenne ich irgendwoher! Das muss aus meinem vorherigen Leben sein.

Und das ist es in der Tat. Theo hatte nach der Schule eine Ausbildung zum Fernmeldehandwerker gemacht und dabei auch einige Zeit in der Metallbearbeitung täglich seinen Platz an der Werkbank reinigen müssen. Es sind winzige Momente wie diese, die Theo an sein vorheriges Leben andocken lassen. Die ihm vorerst nur das Gefühl geben, dass er etwas wiedererkennt, dass es in dieser sonst so fremden Umgebung etwas Vertrautes gibt. Man kann sich Theos Gehirn in dieser Situation wie ein tiefes Gewässer vorstellen. Manchmal kommen Schichten von weit unten an die Oberfläche und verschwinden dann wieder. Oft sind es heftige Emotionen, die sturmgleich Bewegung in dieses Gewässer bringen. Oder Erinnerungen, die aber nicht auf der Bewusstseinsebene zu erfassen sind, sondern nur rein intuitiv.

Theo   Ich liege nachts wach in meinem Bett. Ist das überhaupt mein Bett? Ich habe die Vermutung, dass etwas Außergewöhnliches mit mir passiert ist. Nur was? Weil ich mich an nichts, was vorher gewesen ist, erinnern kann, kommt es mir vor, als sei ich neu geboren. Oder nur, weil ich nichts allein machen kann und ständig Hilfe brauche wie ein kleines Kind?

Dann sitze ich mittags nicht mehr mit der Frau, die keine Tiere essen mag zusammen, sondern mit fremden Patienten, zwei Männern und einer anderen jungen Frau. Das ist anstrengend. Das Essen wird uns nicht mehr vorgesetzt, sondern in Schüsseln auf dem Tisch serviert. Wir müssen uns selbst nehmen. Wenn ich endlich weiß, was ich essen will, ist es leider schon auf einem anderen Teller.

Die Jungs finden alles „bescheuert", das Mädchen findet alles „geil", sogar ihre Krücke. Gemeinsam haben wir nur, dass wir alle auf unsere Entlassung aus der Klinik hin fiebern. Das Mädchen wurde von einem Kleinbus an einer Haltestelle überfahren. „Der kam direkt auf mich zu und hat mich plattgemacht", sagt sie immer. Ständig schiebt das Mädchen ihren Zeigefinger auf die Nasenspitze und sagt: „Ist nichts mehr mit Ataxie" und „Kannste vergessen".

„Kannste vergessen" finde ich irgendwie gut. Deshalb bin ich ja hier, weil ich ständig alles vergesse. So viel weiß ich inzwischen.

Ute bekommt von all dem, was Theo in der Klinik erlebt, kaum etwas mit. Theo erzählt ja nur selten etwas, weil er das meiste vergisst. In der Klinik sagt man ihr bereits nach kurzer Zeit, sie solle nicht jeden Tag herkommen – ihr Mann sei zu fixiert auf sie und warte nur auf ihren Besuch. Er müsse sich aber auf seine Therapie konzentrieren und Eigenantrieb entwickeln. Ute wundert sich. Wie kommen die darauf, dass Theo auf sie fixiert sei? Er wirkt doch immer so apathisch, auch wenn sie ihn besucht. Doch sie fügt sich der Weisung der Ärzte. Unter der Woche fährt sie ab jetzt nur noch einen Nachmittag und dann wieder am Wochenende in die Klinik nach Hessisch Oldendorf. Jetzt, nach anderthalb Monaten im Ausnahmezustand, achtet sie auch wieder mehr auf die Bedürfnisse ihrer Tochter Sara, die dringend mehr Mama braucht – einfach unbeschwerte Zeit zum Spielen, Toben und Schmusen. Auch die besorgten Anrufe von Freunden und der Familie ebben ab, schließlich ist nun nicht mehr jeden Tag eine Neuigkeit zu erwarten. Die Abende sind jetzt ruhiger, ein paar Handgriffe im Haushalt, lästiger Schriftverkehr mit dem BAföG-Amt oder Theos einstiger Vermieterin aus Göttingen, ein bisschen lesen.

Ute Ich merke, dass mich diese lästigen Pflichten nicht mehr so beherrschen und nicht den Stellenwert haben, wie sie es noch vor Kurzem getan hätten. Es gibt Wichtigeres. Meine Prioritäten haben sich verlagert und oftmals bin ich traurig über all die vielen ungenutzten Stunden, in denen Theo und ich früher das Besondere unserer Zweisamkeit – den unschätzbaren Wert des Augenblicks – nicht erkannt haben. Stattdessen haben wir damals gedankenlos ganze Abende vor dem Fernsehapparat verbracht.

In den vergangenen drei Wochen Reha hat Theo viele Fortschritte gemacht. Manchmal erzählt er mir sogar etwas von seinen Therapien oder Geschichten von anderen Patienten. Aber ob ich gerade erst gekommen bin oder gleich wieder gehe, weiß er immer noch nicht. Ich spreche mit dem Arzt darüber und bekomme zur Antwort, dass sein Kurzzeitgedächtnis nicht funktioniert.

In der Therapie wird intensiv mit ihm daran gearbeitet, außerdem Fein- und Grobmotorik trainiert. Aber er habe nicht immer Lust mitzumachen, offenbar weil er mit seinen körperlichen Grenzen konfrontiert ist. Dies berichtet mir der Arzt während unseres

wöchentlichen Treffens. Immer noch sind Theos Bewegungen ver-
langsamt und eckig, irgendwie greisenhaft. Anders als bei Kindern
fehlen ihm Wendigkeit, Spontanität und Reaktionsvermögen. Sein
ganzer Körper muss neu zu sich finden und die Abläufe koordinieren
und abspeichern, die früher so selbstverständlich waren. Auch das
Rechnen muss er völlig neu lernen. Das kann doch nicht wahr sein:
Theo hat sein Mathe-Abi mit eins bestanden, im Physikstudium war
Mathematik sein Schwerpunktfach – und jetzt kann er eins und eins
nicht mehr zusammenzählen? Zum Glück ist er aber jetzt definitiv
wacher und aktiver als noch vor wenigen Tagen. Er beginnt, selbst-
ständiger zu werden. Wie weit das führt, bringt mich einmal allerdings aus der Fassung.

Als ich ihn mit meinen Eltern und Sara besuchen will, ist er weder
auf seinem Zimmer, noch sitzt er auf dem Flur wie sonst. Niemand
vom Personal kann mir sagen, wo er ist. Ich bin entsetzt: Wo ist er
hin? Und ich ärgere mich ziemlich übers Personal: Können die nicht
besser auf Theo aufpassen? Man hat ihn zuletzt mit einer anderen Patientin im Rollstuhl gesehen, Katrin heißt sie. Ich weiß, wer
gemeint ist. Wir suchen im Park, im Café, in Therapieräumen, im
Speisesaal und zwischendrin immer wieder in seinem Zimmer. Theo
bleibt unauffindbar. Was ist, wenn er sich vom Klinikgelände entfernt
hat und nicht mehr alleine zurückfindet? Wenn er aus dem Rollstuhl
gestürzt ist und irgendwo liegt? Schließlich ist er bereits einige Male
aus seinem Bett gefallen und lag längere Zeit hilflos auf dem nackten
Boden, bis ihn ein Pfleger gefunden hatte. Ich sehe meiner Mutter
an, dass auch sie sehr besorgt ist. Dann treffen wir den Zivildienstleistenden, der sich häufig um Theo kümmert. Ein lebensfroher, un-
konventioneller Typ. Er schlägt vor, in Katrins Zimmer nachzusehen.
    Als wir an die Tür klopfen, antwortet niemand. Wir klopfen wie-
der. Keine Antwort, obwohl wir Stimmen aus dem Zimmer hören.
Ich drücke die Klinke und öffne die Tür: Da sitzen die beiden in ihren
Rollstühlen nebeneinander und schauen sich gemeinsam etwas an.
„Vielleicht ihre Briefmarkensammlung?", kommt es mir säuerlich

hoch. Ich bin eifersüchtig. Und die Sorge um Theo steckt mir noch in den Gliedern, sodass ich in einem Mix aus Vorwurf und Erleichterung sage: „Theo, hier bist du! Wir haben dich überall gesucht!" Die beiden gucken uns mit unschuldigen, überraschten Gesichtern an. Theo lacht verlegen. „Hallo!" Überhaupt bringt die ganze Situation alle – bis auf Katrin – in Verlegenheit. Sie strahlt uns an und ruft ebenfalls laut: „Hallo!"

Die Eigenarten und Ticks mancher Patienten gehören zum Klinikalltag. Doch heute fällt kurz darauf im Café eine Gruppe besonders auf. Eine Frau im Rollstuhl, die permanent lautstark redet und den Mann im Rollstuhl neben sich ständig mit „Süßer" anredet. Daneben ein Großelternpaar, das sich auffallend und ausschließlich seiner kleinen Enkeltochter zuwendet, als habe es mit dem Rest der Gruppe nichts zu tun. Und dazwischen eine zierliche junge Frau, die versucht, nach der zermürbenden Suchaktion ihre Nerven zu beruhigen und gleichzeitig die Wut auf die distanzlose Frau im Rollstuhl und ihren unbekümmerten Mann an deren Seite zu mäßigen. Der wiederum lässt sich den Kuchen in aller Ruhe schmecken.

Dass manche Patienten hier in der Klinik immer weniger Besuch von ihren Angehörigen bekommen und lieber mit anderen Kranken zusammenstecken, hat Ute bereits beobachtet. Betroffene unter sich, das funktioniert augenscheinlich prima. Die Gründe liegen auf der Hand: Dass jemand ein Handicap hat, ist hier selbstverständlich. Man kann auf Augenhöhe miteinander umgehen, man versteht sich auf Anhieb. Als Ute ihrem Mann später im Zimmer unter vier Augen zu erklären versucht, dass er sich abmelden muss, weil man ihn sonst nicht finden kann, und dass sie ihn heute eine ganze Stunde lang verzweifelt gesucht hat, kann er sich schon an nichts mehr erinnern. Auf dem Heimweg, im Auto mit Sara und ihren Eltern, ist die Stimmung gedrückt. Keiner sagt etwas. Ute weiß, dass ihre Mutter ein großer Theo-Fan ist, spätestens, seit er ihr einmal eigenhändig die

Waschmaschine auseinander- und wieder zusammengebaut hat. Für sie muss es auch schockierend sein, zu sehen, wie weit weg der Schwiegersohn von seinem früheren Selbst ist. Und ganz sicher macht sie sich als Mutter Sorgen um die Zukunft ihrer Tochter und Enkelin. Ute schluckt den Ärger über ihren Mann endgültig hinunter: „Theo hat noch viel Arbeit vor sich, bis er wiederhergestellt ist", bricht sie die betroffene Stille.

Bei Theo hat diese peinliche Episode allerdings mehr Wirkung hinterlassen, als es zunächst den Anschein hat. Es zeigt sich ein wiederkehrendes Muster, das seine Krankengeschichte begleitet und nach und nach auch zu seiner Heilung führt: Starke Emotionen rütteln ihn auf und bleiben hängen in dem Nebel aus Situationsschnipseln, der ihn ansonsten umgibt. Sie hinterlassen Spuren und tricksen das defekte Kurzzeitgedächtnis aus. In seinem Tagebuch hält Theo später fest:

Theo   In diesem Haus, in dem ich hier lebe, fährt oft ein junges Mädchen im Rollstuhl an mir vorbei. Jedes Mal, wenn wir uns begegnen, sagt sie „Hallo Süßer" und macht einen Kussmund. Was das wohl soll? Einmal überredet sich mich, mit auf ihr Zimmer zu kommen. Ihre Stimme ist lauter, aber ähnlich brüchig wie meine. Plötzlich geht die Tür auf. Ich blicke auf und schaue in vier wütende Frauenaugen. Die Kleine und eine andere Frau. Das hier ist peinlich, auch wenn ich nicht genau weiß, warum eigentlich. Bloß gut, dass ich zunächst alles gleich wieder vergesse. So kann der Rest des Tages weitergehen, als sei nichts geschehen. Trotzdem kann ich diese Situation in meinem Gedächtnis ablegen. Irgendwie lebe ich in dem Moment auf, in dem mich die Blicke der beiden Frauen in der Tür wie Degenstiche treffen. Mir wird klar, dass ich nachdenken muss, bevor ich etwas tue. Und irgendwie ist mir auch klar, dass ein Mann nicht einfach einer Frau aufs Zimmer folgen sollte. Trotzdem fühle ich mich belehrt wie ein Kleinkind. Ich weiß noch nicht einmal, wie alt ich bin.

10
Kommst du oder gehst du?

Wer im Sommer einen Wald durchquert, kennt das Phänomen der tanzenden Lichtreflexe. Die Flut des Sonnenlichts wird vom dichten Buschwerk gefiltert und am Boden kommen deshalb zahllose Lichtpunkte an. Hübsch anzusehen, aber wenn man im Auto fährt und sich auf die Straße konzentrieren muss, ist das Auge schnell überfordert. Die Lichtpunkte, Hell und Dunkel, beginnen vor den Augen zu flimmern.

So ähnlich kann man sich das Erleben von Theo vorstellen. Hat er für ein paar Sekunden ein klares Bild vor sich, wird es von anderen Bildern überholt. Alles scheint permanent, in einem unablässigen Bilderstrom, vorbeizuziehen. Die Welt ist zu schnell für ihn. Pfleger, Ärzte, Patienten, Zimmer, Therapieräume, immer neue Flure, auf denen ständige Bewegung herrscht. In Theos Wahrnehmung geht es in der Reha zu wie im Taubenschlag. Tatsächlich ist es natürlich ein eingespieltes, durchaus geordnetes System.

Kommt Ute ihn besuchen, braucht Theo einen Moment, um sie zu erkennen, als stelle er den Blick scharf. Seine Standardfrage ist dann: „Kommst du oder gehst du?" Er weiß nicht, ob Ute ihn gerade zur Begrüßung oder zum Abschied küsst, weil er das Davor nicht erinnert. Manchmal kommen zu dem, was er tatsächlich sieht, auch noch Bilder von früher auf. Erinnerungsschnipsel. Wenn Ute gerade da ist, fragt er sie, ob sie stimmen.

Theo *Auf meinem Nachttisch liegt eine Fotozeitschrift. Ich habe nicht die geringste Ahnung, wer sie dort hingelegt hat. Einmal bringen sie mir Pralinen mit und sagen, die sind aus meiner Heimatstadt. Alle schauen mich an, als ich eine probiere, und wollen wissen, ob ich den Namen des Konditors weiß. Ich weiß ihn und alle freuen sich. Mir tut es gut zu wissen, dass mich jemand kennt und weiß, was ich mag.*

Dass Theo die Klinik als Schutzraum braucht, um genesen zu können, ist Ute klar. Und doch holt sie ihn so oft es geht heraus. Schiebt ihn lieber ins Städtchen statt ins überfüllte, ungemütliche Klinikcafé. Die Atmosphäre dort – eng, laut und voller Kranker – deprimiert sie. Sie will Theo eine andere Welt zeigen, die der Gesunden.

Ute *Wir sitzen im Eiscafé in Hessisch Oldendorf. Theo konzentriert sich auf Sara, das geht hier besser, weil nicht so viel Ablenkung um ihn herum ist. Ich erzähle ihm, was der Arzt gesagt hat: Sobald Theo laufen kann, darf er für ein Wochenende nach Hause. Das behält er. Komisch. Seine Krankengymnastin berichtet mir später, dass er erstaunlich motiviert und geduldig das Gehtraining mitmacht. „Wenn ich laufen kann, darf ich mit nach Hause fahren!", hat er ihr freudig erzählt. Erstaunlich. Manche Sachen hält sein Gehirn fest. Es muss ihm sehr wichtig sein.*

Tatsächlich zählt dieser Gedanke an eine Heimkehr zu den ersten Impulsen, die er sich merken kann. „Wenn ich laufen kann, darf ich nach Hause." Ute hat es gesagt. Das ist ihm Ansporn, auch wenn er immer noch nicht wieder weiß, wie sein Zuhause eigentlich aussieht. Er strengt sich jeden Tag an, seine Übungen so gut wie möglich zu absolvieren – und bereits nach knapp vier Wochen in der Reha macht er die ersten Schritte in seinem zweiten Leben. Schon Ende Juli darf er das erste Mal zurück in die kleine Dachgeschosswohnung in der Bergstraße in Höxter.

Theo Ich bin aufgeregt wie ein kleines Kind, das darauf wartet, das erste Mal in seinem Leben Auto zu fahren. Immer wieder stelle ich mir vor, wie es sein wird, wenn sie mich abholt. Denn dass sie mich abholt, habe ich mir gemerkt. Ich kann es einfach nicht erwarten und bin irgendwie mit meinen Nerven am Ende. Es macht mich zusätzlich unruhig, dass ich mich nicht an unsere Wohnung erinnern kann. Als es endlich losgeht, komme mir vor wie in einem getunten Rennwagen, der über die Straße fliegt. Ist das schnell. Viel zu schnell. Mir wird schwindelig. Als uns ein anderes Fahrzeug überholt, stinkt es widerlich nach Abgasen. Das Fenster soll zu.

Die Straße, in der unser Haus liegt, kommt mir verlassen und einsam vor. Die Fenster wirken tot. Sieht so die Welt aus, in der ich vorher gelebt habe? Wo gibt es hier Menschen, die zusammen sind und nicht einsam? Oder bin ich es selbst, der einsam ist?

Auf der Treppe nach oben fühle ich mich wie ein Astronaut beim Gang über den Mond. Bei jedem Schritt schwanke ich hin und her. Immer wieder muss ich anhalten und aufpassen, dass ich nicht abrutsche oder das Gleichgewicht verliere. Und dann stehe ich in der Wohnung, die ich wohl kenne und dennoch zum ersten Mal betrete. Im Wohnzimmer bin ich sicher, dass wir hier gelebt haben. Dann muss ich mich übergeben. Das ist mir sehr peinlich. So gut kenne ich meine Frau ja nun doch noch nicht.

Auch für Ute ist das erste gemeinsame Wochenende eine Enttäuschung. Vor allem weil sie merkt, dass es viel zu anstrengend für Theo ist. Und dass er mit ihr und Sara nicht so recht etwas anzufangen weiß.

Ute Als wir in der Klinik eintreffen, wartet Theo bereits auf dem Flur, auf einem Stuhl vor seinem Zimmer. Wir verfrachten ihn gemeinsam ins Auto. Obwohl mein Vater vorsichtig und überhaupt nicht schnell fährt, beschwert sich Theo sofort. „Nicht so schnell! Mir wird schwindelig!"

Es dauert eine Weile, bis sich Fahrer und Beifahrer auf eine Geschwindigkeit einigen können, mit der beide klarkommen. Dann meckert Theo weiter: „Es stinkt so stark nach Abgasen." Mein Vater schließt die Lüftung, obwohl es sehr warm ist. Die Fahrt dauert viel länger als sonst, es ist sehr anstrengend für uns alle. Der Weg zu uns in die Dachgeschosswohnung kommt Theo vor wie ein unüberwindbares Hindernis. Auch für mich ist es ein einziges Abenteuer. Ich muss ihn auf der Treppe stützen, er schwankt bei jedem Schritt, als würde der Boden unter seinen Füßen nachgeben. Und das bei seiner Körpergröße. Endlich sind wir oben. Zwischendurch habe ich gedacht, wir schaffen es nicht mehr.

Als ich wenig später das Abendessen zubereite, sehe ich aus dem Augenwinkel, wie Theo sich am Tisch festhält, hochzieht und den Flur ansteuert. „Warte, ich helfe dir! Was willst du machen?" Ich sprinte zu ihm. „Ich muss zur Toilette." Ich stütze ihn und gemeinsam gehen wir langsam ins Bad. Er versucht allein klarzukommen, aber ich habe Sorge, dass er fällt und bleibe in Reichweite. Sara flitzt herum und freut sich. Dann essen wir zum ersten Mal wieder in unserem Heim als Familie zu Abend. Nur wir allein, keiner stört. Ich versuche es zu genießen, aber es will mir nicht richtig gelingen.

Der Unterschied zu früher ist niederschmetternd. Außerdem ist es heiß und stickig bei uns unterm Dach. Theo isst nichts. Ihm ist übel.

Sara will danach nicht in ihrem Bett schlafen. Also klappe ich kurzerhand das Gästesofa im Wohnzimmer zur Liegewiese aus, damit wir alle drei gemeinsam in einem Bett liegen können. Obwohl es noch früh am Abend ist, will Theo schon schlafen gehen. Ich helfe ihm beim Umziehen. Kaum liegt er, muss er sich übergeben. Ich habe allerhand zu tun, ihn ins Bad zu bekommen.

An diesem ersten Wochenende bei uns ist nicht viel mit ihm los. Er fühlt sich elend und noch schlapper, als er es ohnehin schon immer ist. Ich bin froh, als wir ohne weitere Zwischenfälle am Sonntagabend in der Klinik ankommen.

Trotz des enttäuschenden Wochenendes werden die „Welten-sprünge" zwischen Reha und Zuhause zur Routine. Montags bis Freitag Therapie im Schutzraum Klinik, am Wochenende raus ins wirkliche Leben. Für Ute ist die Woche mit Arbeit, Haushalt und Tochter ausgefüllt, am Wochenende versucht sie, mit Theo an ihr vorheriges Leben anzuknüpfen. Ihm etwas von der Vertrautheit, der Geborgenheit, der Sicherheit zu geben, die früher zwischen ihnen herrschte. Doch ob sich Theo zu Hause und mit ihnen wirklich wohlfühlt? Ein Unterschied zwischen dem Klinik-Theo und dem Bergstraßen-Theo ist jedenfalls eigentlich kaum spürbar.

Theo   Es ist Wochenende und ich bin mit den beiden in unserer Wohnung. Plötzlich steht sie vor mir und fragt: „Woran denkst du eigentlich immer, wenn du so in den Raum guckst?" Ich antworte: „An nichts." Was sie jetzt wohl denkt? Es ist aber genau diese Frage, bei der mir irgendwie bewusst wird, dass ich einen großen Teil meiner Zeit damit verbringe, einfach vor mich hin zu starren.

Das merke ich auch einige Zeit später in der Therapie. Für einen kurzen Moment sehe ich wie aus der Vogelperspektive, dass der Therapeut mit der kleinen Gruppe redet, aber jeder Einzelne einfach so ins Zimmer guckt, ohne auf das zu hören, was er sagt. Wahrscheinlich spricht er deshalb zwischendrin immer wieder so laut. Er will uns aufzuschrecken, damit wir wenigstens für ein paar Sekunden zuhören.

Am ehesten funkt das alte Leben in den Momenten auf, wo Theo seine Tochter vor sich hat. Vielleicht liegt das daran, dass sie inzwischen so unbefangen auf ihn zugeht.

Theo   Das kleine Mädchen lebt auch in einer anderen Welt. Auch sie entdeckt die Welt, genau wie ich. Aber sie scheint noch andere Fähigkeiten zu haben als ich. Einmal steht sie vor mir, schaut mich an und sagt: „Guck mal, Papa, so gucke ich nach vorne." Dann schließt sie die Augen und sagt: „Und so gucke ich nach hinten." *Was meint sie wohl damit?*

Ute   Theo hat Sara auf dem Schoß und schaut sie konzentriert an. Auf ihre plappernden Fragen geht er interessiert ein, blendet mich und alles andere um ihn herum völlig aus. Seine ganze Art und seine Bewegungen, wenn er versucht, nach ihr zu schnappen oder sie anzusprechen, wirken holperig, hölzern, total unbeholfen. Sara scheint das nicht zu bemerken, sie geht inzwischen ganz locker auf ihn zu. Die beiden wirken vertrauter miteinander als Theo und ich es sind. Ich beneide Sara manchmal um ihr Nicht-Wissen, wie angeschlagen ihr Papa eigentlich ist.

Wenn Theo in der Klinik ist, knüpft Ute an ihr vorheriges Leben an. Freunde und Bekannte kommen regelmäßig zu Besuch, Leben erfüllt die kleine Wohnung unterm Dach. Theo ist zwar nicht dabei, aber Gesprächsthema Nummer eins. An einem solchen Abend im Frühherbst klingelt das Telefon.

Ute   Ich nehme den Hörer ab und melde mich: „Jäger?"
„Hallo!" Es ist Theos leise, heisere Stimme. Ich bin erschrocken und freudig überrascht zugleich.
„Theo, du?" Ich hole tief Luft. „Rufst du aus der Klinik an?"
„Ja."
Im Hintergrund höre ich Geräusche und kann mir vorstellen, an welcher Stelle der Klinik er steht.
„Ich wollte deine Stimme hören", sagt er.
Ich muss lachen: „Das freut mich! Aber wie bist du zum Telefon gekommen und woher hast du das Geld zum Telefonieren?"
„Ich bin hier einfach hingegangen."
„Und das Geld?"
„Das Geld?" Pause. Er überlegt offenbar. „Mmmh."
„Geht es dir gut, ist alles in Ordnung bei dir?", frage ich.
„Ja, mir geht es gut, und dir?"

„Mit geht es auch gut. Sara ebenfalls. Ich habe gerade Besuch. Alle wollen wissen, wie es dir geht. Freitag hole ich dich wieder ab. Dann bist du am Wochenende zu Hause."

„Ja, das ist gut!"

„Gehst du jetzt wieder auf dein Zimmer?"

„Ja, das mache ich."

„Pass auf dich auf und geh vorsichtig. Schlaf gut, Theo!"

„Du auch!" Wir geben uns Luftküsse durchs Telefon. Wie früher.

Ich bin richtig geschockt und gehe mit weichen Knien zurück ins Wohnzimmer zu den anderen. „Das war gerade Theo! Ich weiß gar nicht, wie er das jetzt hinbekommen hat. Er vergisst doch immer alles. Woher hat er auf einmal unsere Telefonnummer? Wie hat er die Telefonzelle gefunden? Und woher hat er das Münzgeld? Ob ihn jemand dort hingebracht ...?" Ich habe den Satz noch nicht beendet, da klingelt erneut das Telefon. Wieder eile ich in den Flur, nehme den Hörer ab – da ist sie wieder, Theos leise, heisere Stimme:

„Hallo!" Es klingt wie: „Freu dich, ich bin es!"

„Hallo Theo!"

„Wie geht es dir?"

„Mir geht es gut, Theo. Du hast eben gerade schon einmal angerufen. Kannst du dich erinnern?" Schweigen am anderen Ende. Er scheint zu überlegen. Antwortet aber nicht.

„Ich habe gerade Besuch, soll ich die anderen von dir grüßen?"

„Ja, mach das!"

„Wie viel Geld hast du denn in den Fernsprecher gesteckt? Können wir noch sprechen?"

„... wie viel Geld?" Pause. „Weiß nicht ..."

„Theo, ich freue mich sehr über deinen Anruf, aber ehe das Gespräch einfach abgebrochen wird, machen wir Schluss, ja? Ich komme und hole dich am Freitag wieder nach Hause. Das ist doch toll, nicht?"

„Ja, das ist schön!"

„Gehst du jetzt in dein Zimmer?" Er hört mich wahrscheinlich schon nicht mehr, es knackt in meinem Hörer, dann folgt ein gleich-mäßiges Tuten. Ich lege auf. Verunsichert gehe ich zurück.

„Stellt euch vor, das war wieder Theo! Er konnte sich nicht daran erinnern, dass er gerade schon angerufen hat!" Fünf ratlose Augen-paare schauen mich an.

Wieder klingelt das Telefon. Mir dreht sich der Magen um. Zögerlich melde ich mich am Telefon.

„Hallo!"

Es ist wieder Theo. Wieder dieser fröhliche, fragende Tonfall.

„Freust du dich, dass ich anrufe?"

„Ja, Theo, du hast aber schon zwei Mal angerufen."

„Echt?" Pause. „Wann kommst du wieder?"

„Freitag, Theo. Freitag komme ich dich abholen und dann ver-bringen wir das Wochenende zu Hause! Ich freue mich schon. Gehst du jetzt wieder auf dein Zimmer?"

„Ja, klar. Du kommst ja."

„Ja, natürlich, ich komme dich holen! Schlaf gut!"

„Du auch!"

„Tschüs!" Dieses Mal vergesse ich vor Aufregung den Abschieds-kuss und lege auf.

Es ist eine Szene wie im Film, der zwischendrin das Genre wechselt. Ein bisschen Liebesfilm, ein bisschen Komödie, und schließlich beklemmender Thriller. Es sind nicht nur die rein praktischen Sorgen, die Ute nach diesen Anrufen aufwühlen: Findet Theo in sein Zimmer zurück? Ob ihm die Telefonnum-mer von allein eingefallen ist? Wer ihm wohl das Geld geliehen hat? Schlimmer noch ist, dass ihren drei fast wortgleichen Ge-sprächen jede Substanz fehlt. Theo und Ute sprechen nicht auf Augenhöhe miteinander. Es ist die Mutter, die mit einem Kind spricht, der Gesunde, der mit einem Kranken spricht. Und: Schonungslos tritt Theos Bedürftigkeit und Abhängigkeit von Ute zutage. Der große überlegene Theo, der Indianerhäuptling mit dem Überblick, steht hilflos und einsam in einer Telefonzelle und wird von seiner Frau ins Bett geschickt.

Gleichzeitig – und mit etwas Abstand kann Ute auch darüber nachdenken – ist die Anrufserie eine dieser unerklärlichen Eskapaden von Theos Gehirn, die Mut machen. Dass er so viel Kraft aufbringt, tatsächlich zu einer Telefonzelle zu gehen, als ihm danach ist, Utes Stimme zu hören. Und dass ihm sogar die richtige Ziffernfolge einfällt. Das ist so etwas wie ein kleines Wunder. Und offenbar war der Motor für Theos Aktivität wieder mal ein starkes Gefühl, nämlich seine Einsamkeit und die Sehnsucht nach Ute.

Theo *Eines Abends stehe ich im Klinikflur vor einer Telefonzelle. Plötzlich kommt mir in den Sinn, sie anzurufen. Meine Frau. Als ich vor dem Apparat stehe, merke ich, dass man Geld braucht, um zu telefonieren. Eine nette Schwester kommt vorbei und ich frage sie, ob sie mir Münzen geben kann. Ich werfe die Geldstücke ein und wähle unsere Nummer. Woher ich die kenne, weiß ich nicht. Aber die ersten drei Ziffern sind die gleichen wie in unserer Postleitzahl, das steht fest. Sie meldet sich und kann es nicht fassen, dass ich anrufe. Nur: Warum ich anrufe, kann ich ihr nicht sagen.*

Nachdem ich nur sehr kurz mit ihr gesprochen habe, lege ich auf und gehe aus der Zelle.

Als ich ein paar Schritte gegangen bin, fällt mir ein, dass ich doch mal meine Frau anrufen könnte. Sie ist überrascht, dass ich schon wieder anrufe. Ich kann mir nicht erklären, was sie meint. Das erste Gespräch habe ich längst vergessen. Sie scheint an diesem Abend nicht allein zu sein. Wie weit sie eigentlich von mir entfernt spricht, liegt außerhalb meines Vorstellungsvermögens. Die Welt um mich herum ist riesig. Wie ich zu ihr kommen könnte, weiß ich nicht. Ich fühle mich elend. Sie überzeugt mich schließlich, zurück ins Bett zu gehen.

Ute weiß genau, und an diesem Abend einmal mehr, wie anders Theo vor seiner Gehirnblutung war. Sie weiß aber auch, was er momentan alles noch nicht wieder kann. Theo hingegen hat für den Moment nur so eine Ahnung, die sich in diffuser Sehnsucht niederschlägt. Sehnsucht nach der Innigkeit, die es zwischen ihm und Ute noch vor wenigen Monaten gab. Ihn beschleicht das Gefühl, eine Enttäuschung für seine Frau zu sein. Und die Angst, von ihr verlassen zu werden, wenn er sich zu dumm anstellt. Sich keine Blöße geben, nur nicht auffallen wird zum Leitmotiv seines zweiten Lebens.

Unendlich allein fühlt sich auch Ute Jäger. Ihr Alltag ist zwar ausgefüllt, reich an Beschäftigung und Begegnungen. Von sieben bis 15 Uhr arbeitet sie, schließlich brauchen sie Geld zum Leben. Mittwochs besucht sie Theo in der Klinik, freitags holt sie ihn dort fürs Wochenende ab. Bekannte, Kollegen, Freunde und Familie bilden einen großen Kreis aus wohlmeinenden Menschen, der sie umsorgt und trägt.

Ute Mittendrin und doch außen vor, so fühle ich mich. Ich stehe als Außenseiterin in meiner Situation neben den anderen. Außerhalb des Geläufigen, des Alltäglichen und doch mitten in alltäglicher Geschäftigkeit. Meine Gedanken kreisen ständig um Theo und nehmen mir die Unbeschwertheit, mit der ich bisher durchs Leben gegangen bin. Das kann niemand nachempfinden, damit bin ich allein und das macht mich so einsam. Theo fehlt Sara und mir in allen Bereichen unseres Lebens. Und doch: Während stiller Momente, zum Beispiel bei den vielen Autofahrten zwischen Höxter und Hessisch Oldendorf, kommt mir immer wieder ein Text von Dietrich Bonhoeffer in den Sinn. Leise singe ich: „Von guten Mächten wunderbar geborgen, erwarten wir getrost, was kommen mag. Er ist mit uns am Abend und am Morgen und ganz gewiss an jedem neuen Tag ..." Die Worte berühren und trösten mich. Die Tiefe dieses Liedes erreicht mich, wochenlang schon. Immer und immer wieder ist es plötzlich da, seit Theo im Koma gelegen hat. Bonhoeffers Situation lässt sich nicht mit meiner vergleichen. Dieses Lied hat er im Gefängnis geschrieben, als seine Hinrichtung durch die Nazis bevorstand – und

doch kann ich gerade diesen Frieden und diese Zuversicht nachfüh-
len. Das sind Momente, in denen ich mit Leichtigkeit über der Si-
tuation zu schweben scheine, doch in meinem Alltag fühlt es sich oft
mühsam an. Schritt für Schritt bewege ich mich durch die Tage. Im-
mer wieder türmen sich Hindernisse auf. Morgens fällt es mir schwer,
Sara bei den Großeltern abzugeben. Sie ist dort zwar bestens auf-
gehoben, aber ich wäre gern mehr mit Sara zusammen. Einmal,
als ich sie morgens fröhlich zu meinen Schwiegereltern bringe, sagt
meine Schwiegermutter: „Wenigstens eine, die lachen kann!" Sieht
sie denn nicht, dass ich die fröhliche Mama nur für Sara mime? Das
Kind schaut in so viele traurige Gesichter, zumindest mit mir soll sie
eine unbeschwerte Zeit haben. So wie ein Kinderleben sein soll.

Theo erzählt jetzt mehr aus seinem Klinikalltag. Manches kann ich
nicht einordnen und ich frage mich, wo und wann das wohl passiert
ist, was er mir gerade erzählt hat. Die anderen Patienten und deren
Geschichten scheinen ihn zu fesseln. Er beobachtet sie ganz genau
und erzählt mir von ihrem Schicksal oder er amüsiert sich über ihre
Macken. Ich nehme diese Seite an ihm mit gemischten Gefühlen
wahr. Die Art, wie er über die anderen spricht, das ist nicht mein al-
ter Theo. Mit solcher Geringschätzung oder Schadenfreude hätte er
nie über andere geredet.
Weiß er überhaupt, wer er war und wie er einmal war?
Ich möchte auf keinen Fall, dass er aufhört, nach seinem alten Ich
zu suchen. Also erzähle ich ihm immer und immer wieder aus un-
serem früheren Leben und von dem, was ich mit Sara mache, wenn
ich nicht in der Klinik bin.

Die einzige Sicherheit in Utes derzeitiger Situation ist die, dass
es keine Sicherheit gibt, keine Verlässlichkeit, keine planbare,
geradlinige Entwicklung hin zu einer Genesung Theos. Bei jeder Begegnung mit ihrem Mann bleibt ihr nichts anderes übrig,
als seine Tagesform hinzunehmen.

Ute Als ich heute ankomme, sagt Theo etwas, das mich umhaut und richtig freut: „Eigentlich bin ich doch in einer sehr interessanten Situation. Darüber müsste man ein Buch schreiben." Wie kommt er da jetzt nur drauf? „Das habe ich auch schon gedacht, Theo! Der Gedanke, alles festzuhalten, was mit dir passiert ist, was du und ich gerade erleben."

Ja, daran habe ich tatsächlich schon gedacht, aber jetzt spricht er es aus. Natürlich frage ich mich, wie das praktisch gehen soll, schließlich lernt er gerade erst wieder mühsam schreiben. Auf Notizzetteln und auf einem kleinen Block hält er seit einigen Wochen in krakeligen Buchstaben und unbeholfenen Sätzen sein Erleben fest.

Es wird über 30 Jahre dauern, bis dieses Buch erscheinen kann.

11
Stippvisite im Leben

Es mag wie ein simpler Kalenderspruch klingen: So wie einem nichts anderes übrig bleibt, als das Wetter zu nehmen, wie es ist, lernt Ute, sich auf Theos jeweilige Tagesform einzustellen. Sie tut es in dem Vertrauen darauf, dass er irgendwann wieder ganz gesund wird. Doch nur zuzusehen und zu warten, bis das Ersehnte eintritt, ist ihre Sache nicht. Wo immer sie kann und Einfluss hat, zieht Ute ihren Mann zurück ins Leben, wirft ihn sprichwörtlich ins kalte Wasser und überlässt ihn für eine Zeit lang sich selbst. Das beginnt mit Ausflügen ins Café in Hessisch Oldendorf und geht zu Hause weiter. Er bekommt auch dort kleine Aufgaben von ihr, an denen er üben kann, wie der Alltag zu bewältigen ist. Sie will ihren Theo wiederhaben, als Vater für Sara und als Ehemann, so wie es früher war.

Und auch Theo hat, bei aller Erschöpfung und Apathie, die er zwischenzeitlich zeigt, einen unbändigen Ehrgeiz, ins Leben zurückzufinden. Wieder und wieder übt er die Dinge und wagt sich heraus aus der Schutzzone. Ohne diese Hartnäckigkeit wäre Theos Heilungsgeschichte ganz sicher anders verlaufen. Unglaublich daran: Egal, wie kühn seine Selbst-Versuche ausfallen, er gerät nie in die ganz große Katastrophe.

Theo   *Ich beschließe, den Weg in den Ort einmal allein auszuprobieren. Gleich nach der Therapie gehe ich los und habe den Plan, zum Abendessen zurück zu sein. Die Hauptstraße habe ich rasch erreicht. Ich drehe mich immer wieder um, um mir auffällige Wegmarken zu merken. Kann ich es wirklich wagen, allein weiterzugehen?*

Ein Mann mit Mitte 20 verläuft sich nicht, denke ich, und gehe weiter. Ich versuche, mir ein Chinarestaurant an einer Ecke einzuprägen. Neugierig gehe ich weiter die Straße hinunter. Es ist schön hier, kommt mir aber nicht wirklich bekannt vor und schließlich weiß ich, dass ich zu weit gegangen bin. Als ich mich umdrehe, ist das Chinarestaurant nirgends zu entdecken. Es kann doch nicht wahr sein, dass ich mich in diesem kleinen Ort verlaufe! Ich bin wütend und verzweifelt. Habe ich wirklich keine Chance zurückzufinden? Da tauchen zwei junge Männer auf, die ich irgendwie aus einer meiner Therapien kenne. Ihnen schließe ich mich an und wir gehen gemeinsam zurück.

Im Oktober, der Alltag zwischen Höxter und Hessisch Oldendorf hat sich gerade eingespielt, wird Utes Stelle gestrichen. Auch das noch. Doch ihr Chef hat bereits einen alternativen Job für sie organisiert, den sie ab Januar 1983 antreten kann. Existenziell bedroht sind die Jägers also nicht. Dennoch: Muss das jetzt sein, auch noch beruflich eine Veränderung, wo das Familienleben schon in derart stürmisches Fahrwasser geraten ist?

Utes Reaktion: Ihren Resturlaub im Dezember will sie in Ruhe mit ihrem Mann und ihrer Tochter verbringen und fragt in der Klinik an, ob Theo in dieser Zeit eine Reha-Pause machen kann. Zwar sind die Spastik im rechten und die Lähmung im linken Arm immer noch vorhanden, aber damit sind letztlich nur minimale motorische Einschränkungen verbunden. Insgesamt sind die Ärzte am Klinikum Göttingen und in Hessisch Oldendorf mit ihm zufrieden – allein mit dem Kurzzeitgedächtnis und der Fähigkeit, sich auf neue Situationen einzustellen, hakt es noch. Theo wird also vorübergehend nach Hause entlassen. Doch an ihr altes Leben als Kleinfamilie können sie nicht anknüpfen, dafür ist Theo viel zu wenig belastbar.

Ute *Theo läuft wie ein Fremder durch die Wohnung. Langsam und hochkonzentriert. Wenn er aufsteht, sucht er Halt an Wand oder*

Tischplatte, bis er sein Gleichgewicht gefunden hat, oder er setzt sich gleich wieder, weil ihm schwindelig wird. Meist sagt er nicht, was er vorhat. Er geht dann über den Flur und schaut in die Zimmer. Kommt er aus dem Bad zurück und wir sitzen am Esstisch, bleibt er stehen, schaut auf Sara, dann auf mich, dann auf den leeren Stuhl. „Theo, suchst du etwas? Fehlt was?" Ich bin unsicher, was in ihm vorgeht. Ohne auf meine Frage einzugehen, sagt er trocken: „Dieser Platz ist ja noch frei, oder?" Ich muss lachen. „Ja, sicher!" Natürlich ist dieser Platz frei, es ist ja sein Stuhl, auf dem er gerade noch gesessen hat. Er lacht mit uns und ich ahne nicht, dass er damit nur seine tiefe Unsicherheit überdecken will. Seine Frage ist ernst gemeint.

Warum gibt Theo nicht einfach zu, dass er schlichtweg nicht weiß, auf welchen Platz er sich setzen soll? Ganz einfach: Er hat Angst, sich zu blamieren. Nicht für voll genommen zu werden. Mehr noch, in seinem Tagebuch notiert er:

Theo   In der Klinik gab es einen Patienten, den sie in die Psychiatrie abgaben. Klar, dass ich mich ab jetzt besonders unauffällig verhalte, auch wenn das nicht so einfach ist.

Erst Jahrzehnte später liest Ute diese Sätze. Seine Notizen hat er all die Jahre stets vor ihr verborgen und sie hat ihm diesen Rückzugsort auch gelassen.

Theo ist also zu Hause in erster Linie rein körperlich anwesend. Spricht wenig, schläft viel. Er ist da und gleichzeitig nicht da. Selbst wenn er einfach still im Sessel sitzt, eigentlich niemanden stört, ist es doch so, dass sein Anders-Sein wie ein Ausrufezeichen im Raum steht.

Ute   Stehen wir morgens auf, sage ich ihm, dass wir uns nun waschen und anziehen. Das heißt aber nicht, dass er dann ins Bad geht und sich wäscht. Oft steht er lange da und sieht sich hilflos um, bis ich ihn einige Male daran erinnert habe, dass er sich waschen wollte.

Nach einigen Anläufen klappt es dann meist. Seine Kleidung muss ich ihm direkt geben. Er kommt nicht auf die Idee, in den Kleiderschrank zu schauen, um sich frische Sachen zu nehmen. Manchmal schaut er unsicher auf den Stoß seiner zusammengefalteten Kleidung vom Abend zuvor und weiß anscheinend nicht recht etwas damit anzufangen.

Theo bewegt sich in einer Welt, die faszinierend und verstörend zugleich ist. Faszinierend, weil neu, unerforscht und voller Überraschungen. Verstörend, weil viel zu schnell. Und weil eine Ahnung an ihm nagt, dass er diese Welt, diese Umgebung, diese Dachgeschosswohnung eigentlich kennt und besser überblicken können müsste. Das kindliche Staunen, das er manchmal so genießt, ist seinem Alter und Erfahrungsschatz nicht angemessen, das ist ihm durchaus klar.

Theo *Wenn ich morgens aufwache, bin ich fasziniert von der Frau, die neben mir liegt. Sie erscheint mir fremd, aber ich weiß auch, dass ich sie nicht mehr erobern muss und dass wir irgendwie zusammengehören. Was wir schon miteinander erlebt haben, erinnere ich nicht. Aber offenbar sind wir verheiratet. Das Einzige, das mir Gewissheit gibt, ist das Gefühl in mir, wenn ich sie anschaue. Sie kommt mir unglaublich jung vor. Komisch, dass so eine junge Frau schon verheiratet ist. Ich finde sie wunderschön. Allein die Art, wie sie sich bewegt. Ich fühle mich zu ihr hingezogen, und gleichzeitig einen tiefen Graben zwischen uns. Ob ich es jemals schaffen werde, zu ihr hinüberzukommen?*

Selbst die größtmögliche Innigkeit, die zwei Menschen miteinander erleben können, an die sich auch Ute und Theo jetzt wieder herantasten, versinkt für Theo schon wenige Minuten später im Nebel nicht erinnerbarer Erlebnisse. Auch hier bleibt nur das diffuse Gefühl, dass es irgendwo in seinem Leben die intime Nähe zu seiner Frau gibt. In seinem Tagebuch notiert er:

Langsam macht es mich unruhig, dass es für mich nie Erinnerungen an den Abend zuvor gibt – egal, wie interessant der verlaufen war.

Die eheliche Zweisamkeit hat ihre Selbstverständlichkeit verloren. Theo muss sie neu lernen. Ute übernimmt auch hier die Initiative:

Ute *Seine liebevollen Gesten Sara und mir gegenüber wirken zaghaft, unbeholfen, eckig und unsicher. Aber ich spüre, dass sie aus der Tiefe seiner Empfindungen kommen, auch wenn er seine Gefühle nicht so äußern kann, wie ich es von ihm kenne. Also hole ich mir seine Umarmungen ab.*

So hilflos, fast kindlich Theo einerseits ist, es gibt für ihn auch eine erwachsene Erlebnisebene. Er hat eine ungefähre Ahnung davon, wie es zwischen ihm und seiner Frau steht und stehen sollte.

Theo *Ich merke, dass ich ihr Arbeit mache, dass ich eine Belastung für sie bin. Und sie geht mit mir genauso um wie mit unserem Kind. Mir ist irgendwie klar, dass unsere Beziehung ein Problemfall werden könnte. Allein schon deshalb, weil wir uns nicht normal unterhalten können. Ich spüre, dass etwas zwischen uns nicht stimmt.*

Das wird auch Ute erst so richtig bewusst, als Theo für Wochen am Stück zu Hause ist. Er fängt zwar jetzt an, sie endlich, endlich wieder mit Namen zu nennen – offenbar hat er sich das abgeschaut, wenn Besuch da ist –, aber viel mehr Interesse zeigt er nicht.

Ute *Ich mache das Frühstück und sage ihm, dass er sich an den Tisch setzen kann. Manchmal reagiert er sofort, oft aber erst nach einigen Aufforderungen. So zieht es sich wie ein roter Faden durch den ganzen Tag: auffordern, anleiten, erinnern und erklären. Mit*

Sara mache ich es nicht anders. Theo braucht die gleiche Ansprache wie ein Kind, allein kommt er nicht klar.

Das Jahr 1983 beginnen wir ruhig und zurückgezogen, denn Theo braucht viel Ruhe. Zu viele Menschen kann er nicht gut um sich haben, das ist ihm zu anstrengend. Darum feiern wir auch nicht Silvester mit Freunden, wie wir es sonst gemacht haben. Ich gehe sehr nachdenklich ins neue Jahr. Wie wird es weitergehen mit ihm, wie mit uns? Wird Theo je wieder so sein wie früher? Was hat die Stimme gemeint, als sie sagte, Theo werde wieder ganz gesund? Dass er aufwacht aus dem Koma oder dass er wieder ganz der Alte wird?

Es gibt Angehörige, die ihr Leben komplett auf die Bedürfnisse des Kranken einstellen. Ute macht es anders. Vielleicht weil sie so jung ist und nicht von ihrem Lebensplan abweichen will, nicht verzichten will auf Freunde, Geselligkeit und Austausch mit anderen. Oder weil sie das vorherige gemeinsame Leben immer noch nicht als vergangen betrachten will. Vielleicht auch, weil sie die richtige Intuition hat, dass Schonung Theo nicht weiterhilft. Er muss unablässig gefordert und gefördert werden. Für Theo ist das oft genug eine Zumutung und für Ute manches Mal ernüchternd. So auch bei einem privaten Essen mit ihren neuen Kollegen im Frühjahr 1983. Ein Abend, der den Graben zwischen ihnen noch größer macht.

Ute *Ich bin „die Neue", nach zwei Monaten noch nicht wirklich integriert. Aber immerhin haben uns die Kolleginnen zu ihrem privaten Treffen eingeladen. Die Unterhaltung läuft anfangs schleppend, wir wissen ja noch nicht viel voneinander, deshalb fehlt der gemeinsame Gesprächsstoff. Die anderen tauschen sich immer lebhafter aus, ich aber werde stiller und fühle mich unwohl. Auch wenn die anderen scheinbar ganz im Gespräch aufgehen, scheint es mir doch, als würden sie uns röntgen. Theo wirkt abwesend, als hätte er sich in sich selbst zurückgezogen. Kaum jemand traut sich, ihn anzusprechen.*

Zwar habe ich ihnen erzählt, dass er sehr krank war, aber ob sie das einordnen können? Wehmütig denke ich an die Weihnachtsfeier bei meiner alten Firma zurück, das ist gerade vier Monate her. Da war ich einfach nur glücklich, endlich wieder mit Theo an meiner Seite dabei sein zu dürfen. Die Kollegen hatten Theos Krankengeschichte ja von Anfang an mitbekommen und gingen herzlich und unbefangen auf ihn zu. Sie sprachen ihn an, als sei nichts geschehen, und ich hatte nicht den Eindruck, dass Theo sich unwohl fühlt. Heute ist das ganz anders, ich habe den Eindruck, wir seien Menschen von einem anderen Stern.

Im Grunde genommen sind sie das ja auch. Theo und Ute leben seit jenem Tag im Mai auf einem anderen Planeten. Sie haben, anders als ihre Altersgenossen, erfahren, wie brüchig alle Sicherheiten sind, wie leicht zerbrechlich ihr Glück, wie schnell das Leben vorbei sein kann. Auch jetzt, im Frühjahr 1983, wissen sie immer noch nicht, wie es genau mit Theos Gesundheit und mit ihrem Familienleben weitergehen wird, sie hangeln sich von Woche zu Woche. Kurz: Sie sind in einer existenziellen Krise und das sieht man ihnen auch an. Das merken beide, Ute und Theo.

Theo *Ich kann nichts zur Unterhaltung beitragen. Die einzige Chance, ins Gespräch zu kommen, besteht, wenn ich direkt gefragt werde. Antworte ich, ist mein Stimme viel zu leise. Vielleicht sage ich auch deshalb den ganzen Abend so gut wie nichts. Die vielen Worte ermüden mich, sie schwirren um mich herum. Ich fühle mich wie in einem Comic, umgeben von Sprechblasen, die nur leider immer zerplatzen, bevor ich ihren Inhalt verstehe. Ich glaube, dass es niemanden gibt, der erkennt, wie es mir tatsächlich geht. Warum bin ich überhaupt wieder aus dem Koma aufgewacht? Eigentlich bin ich zum Leben nicht mehr in der Lage, doch nun muss ich es ja irgendwie tun.*

Das ist pure Verzweiflung. Und das, obwohl die Ärzte staunen, welche großen Fortschritte Theo aus medizinischer Sicht macht. Im Januar wird Theo erneut in der Universitätsklinik Göttingen untersucht. Stolz trägt Ute vor, was Theo inzwischen alles kann. Er findet sich in der Wohnung und auch in Höxter zurecht, schreibt weitgehend fehlerlos, liest einwandfrei und rechnet auf einfachem Niveau. Die Tests verlaufen gut, allein die Speicherfähigkeit des Kurzzeitgedächtnisses ist immer noch minimal. Bei allen unglaublichen Erfolgen übersehen die Mediziner allerdings nicht, dass Theo psychisch labil ist – die stimmungsaufhellenden Medikamente wurden längst reduziert. Theo kann nicht wirklich erfassen, was das bedeutet. Er merkt ja selbst, dass er kaum Freude empfindet; gleichzeitig will er aber so gern den Erwartungen der anderen entsprechen.

Theo   Der Arzt ist unzufrieden mit meiner psychischen Verfassung. Ich wirke antriebsschwach, sagt er. Ich nehme mir vor, ab sofort daran zu arbeiten. Leider habe ich das Gefühl in mir, ein schwarzer Mantel schließt alles ein, was ich erlebe.

So gern möchte Theo es allen recht machen, keine Enttäuschung sein. Fast naiv wirkt es, dass er sich vornimmt, sich von nun an noch mehr als zuvor anzustrengen; wie soll er auch die Tragweite seines Zustandes ermessen?

Im Januar ist in Hessisch Oldendorf kein Therapieplatz frei, deshalb bleibt Theo zu Hause. Ute bringt Sara und Theo vor der Arbeit zu ihren Schwiegereltern, nachmittags holt sie die beiden ab. Keine Minute für sich. Doch ihr fällt vor allem auf, wie anstrengend dieser Lebensrhythmus für Theo ist.

Ute   Theo strengt dieser Alltag an, das merke ich, aber was ist nicht anstrengend für ihn? Er versucht, am Leben teilzunehmen, spielt mit Sara, hilft beim Abtrocknen. Ich merke, dass Wiederholungen und

Regelmäßigkeiten ihm Sicherheit geben. Sein Gehirn hat inzwischen gespeichert, dass ich jeden Morgen zur Arbeit muss – und er zu seiner Mutter. So ist es mit vielen Dingen. Der aktuelle Augenblick ist immer sofort wieder gelöscht, aber wiederkehrende Umstände hält sein Gedächtnis mehr und mehr fest.

Eines Morgens sagt er mir ungewöhnlich klar und fest, dass er nicht mehr zu seiner Mutter will. Stattdessen möchte er mit Sara bei uns zu Hause bleiben, bis ich von der Arbeit komme. Ich muss schlucken. Wie soll das denn gehen? Die beiden hier allein, über Stunden? Ich sträube mich gegen diese Idee, merke aber zugleich, dass Theo nicht umzustimmen ist. Also zwinge ich mich zu einem fröhlichen „Also gut, wir probieren es", fahre zur Arbeit und versuche, nicht darüber nachdenken, was alles passieren kann. In der Mittagspause schaue ich bei den beiden vorbei. Es ist alles gut. Sara und Theo richten sich miteinander ein. Sie haben den gemeinsamen Vormittag und nach dem Mittagessen machen sie ein Schläfchen – meist, bis ich um 15 Uhr komme. Dann kaufen wir gemeinsam ein und ich erledige den Haushalt. Theo scheint nicht zu entgehen, dass ich sehr eingespannt bin. Also überrascht er mich mit dem nächsten Vorschlag: Er will ab jetzt das Mittagessen machen. Oh je! Fangen wir erst mal damit an, dass er nur von mir vorgekochtes Essen aufwärmen und den Tisch decken soll. Manchmal klappt es. Dann wieder ist die Küche mittags unberührt. Ein anderes Mal rieche ich schon im Treppenhaus das angebrannte Essen. Theo hat immer eine Ausrede, wenn es nicht geklappt hat: Sara hat ihn abgelenkt, jemand hat plötzlich an der Tür geklingelt oder eine Flasche Milch war auf dem Küchentisch umgekippt und er mit dem Aufwischen beschäftigt. Niemals sagt er: „Ich habe es vergessen." Dabei verrät mir sein überraschter Blick, dass er überhaupt nicht mit mir gerechnet hat, wenn ich in der Tür stehe. Aber dann kann es auch wieder passieren, dass er es erstaunlicherweise nicht nur geschafft hat, das Essen um zwölf Uhr fertig zu haben, es sind auch Teller, Besteck und Wassergläser richtig gedeckt. Ich darf einfach keine Erwartungen haben, nehme ich mir vor.

Meistens schauen sich die beiden Bilderbücher an. Sara bringt sie ihm, klettert auf seinen Schoß und ist zufrieden. Theo geht umsichtig und lieb mit ihr um. Nimmt sie in den Arm oder auf seinen Schoß, wenn sie Aufmerksamkeit fordernd an ihm herumzerrt.

So chaotisch, anstrengend und ermüdend Theo in diesem Zustand lebt, es tut ihm gut, eine Aufgabe zu haben und gebraucht zu werden. Theo und Ute sind sich rückblickend übrigens absolut einig: Im „Hotel Mama" wäre er zwar liebevoll umsorgt, aber ganz sicher nicht ausreichend gefordert worden. Wie gut, dass Theo den richtigen Impuls hatte und sich freiwillig raus aus der Komfortzone bewegt hat: Er bleibt mit Sara zu Hause, auch wenn sie ihm so gut wie keine Ruhe lässt.

Theo   *Seit Monaten lebe ich endlich wieder ein Leben, wie es normalerweise ist. Wenn ich koche, sauge oder Betten mache, ruft immer wieder die Kleine. Sofort gehe ich zu ihr. Sobald ich ein Zimmer verlasse, weiß ich nicht mehr, was ich dort gerade gemacht habe. Wenn ich zufällig zurückkomme, mache ich damit weiter, wo ich aufgehört habe. Den Abwasch, die Betten, das Mittagessen. Die Kleine ist die Einzige, die ich in diesen bodenlosen Tagen nicht vergessen kann, weil sie mich pausenlos ruft.*

Sie mag es gern, wenn ich ihr vorlese. Irgendwann merke ich, dass ich die kurzen Kindergeschichten in meinem Gedächtnis behalten kann. Also schiebe ich mit der Kleinen im Buggy in eine Buchhandlung, um Neue zu kaufen. Sie strahlt, dass sie sich neue Bücher aussuchen darf, und in dem Moment kehrt ein bisschen Glanz in mein Gedächtnis zurück. Ich denke nicht darüber nach, wie teuer die vielen Bücher sind.

Das Vorlesen trainiert auch meine Stimme. Das ist wichtig, denn an der Wursttheke beim Einkaufen verstehen sie mich kaum. Ohne Stimme scheint es mich gar nicht zu geben. Und weil ich mir nie merken kann, wer vor und wer nach mir kommt, weiß ich auch nie, ob ich schon dran bin.

Im Supermarkt wäre es für mich leichter, den ganzen Laden zu kaufen, als die paar Sachen auf meinem Einkaufszettel. Öffnet sich die Tür, habe ich das Gefühl, ich betrete ein Labyrinth. Unübersichtlich, verwirrend, erschlagend, anstrengend. Ich weiß, dass ich erst mal den Einkaufswagen holen und Sara hineinsetzen muss. Äpfel sind leicht zu finden, die stehen oben auf meiner Liste und sind im Laden direkt am Anfang. Wie jetzt weiter? Ich schiebe nach rechts. Nudeln. Brauchen wir Nudeln? Steht das auf meiner Liste? Ich starre auf den Zettel. Sara ruft „Papa, kauf mir das!" und zeigt auf die Babygläschen im Regal auf der anderen Seite. Ich nehme ein Glas heraus, studiere das Etikett, stelle es zurück, nehme ein anderes. Sara sagt „Ja, das bitte" und ich lege es in den Wagen. Was brauche ich jetzt noch? Brot. Wo war noch mal die Bäckertheke? Ich probiere es links. Mein Blick fällt auf ein neongelbes Schild: „Fünf Tafeln Schokolade für 2 DM". Was für ein Angebot, da nehm ich doch gleich zwei Fünferpakete. Irgendwas wollte ich doch vorhin noch einpacken? Ich lese die Liste noch mal. Nudeln, richtig. Die müssten ja gleich dort stehen. Nein, da ist Waschmittel. „Schau mal, so viele Geschenke" sagt Sara und zeigt auf einen Turm aus grünen Waschmittelpaketen mit roter Schleife. Was suche ich gerade? Ich irre wie durch ein Labyrinth, Schweiß bricht mir aus, weil ich irgendwie weiß, dass das hier alles viel zu lange dauert.

Einkaufen ist eine anspruchsvolle Tätigkeit. Überall in den Regalen stehen Produkte, die mich ablenken von dem, was ich eigentlich auf dem Zettel habe. Zu Hause merke ich dann oft, dass ich wieder etwas vergessen habe und noch mal los muss. Die Zeit zwischen Frühstück und Mittagessen ist einfach zu kurz.

Theo schildert seine Alltagserlebnisse, auch sprachlich, wie eine brisante Grenzerfahrung, in der an jeder Ecke Gefahren lauern. Und tatsächlich erlebt er jeden neuen Tag wie eine gewagte Expedition in unbekanntes Gebiet. Er weiß nicht, woher er kommt, vergisst immer wieder, wohin er will und ist am Ende völlig orientierungslos. Ein Szenario, das schon beklemmend wirkt, wenn man es sich nur vorstellt. Wie bedrohlich muss es erst für Theo sein, Tag für Tag so zu leben?

Auch wenn Ute immer wieder ernüchtert feststellt, dass Theo in seiner eigenen Welt lebt, entgeht ihr seine Entwicklung hin zu mehr Eigenständigkeit nicht. Dass er gemeinsam mit Sara für eine unglaubliche Summe wunderschöne neue Kinderbücher kauft und sie sich als Familie nun für den Rest des Monats einschränken müssen, nimmt sie erst mal hin. Schließlich ist es ein Signal, dass er aktiv ist, und das ist das Wichtigste.

Auch Theo merkt, dass sich etwas ändert: die Erinnerung an seine eigene Vergangenheit kommt langsam zurück:

Theo *Die Kleine fragt mich, ob ich mich an einen Ralf aus Göttingen erinnern könne, mit dem ich Physik studiert habe. Von ihm sei ein Brief angekommen und er habe nach mir gefragt. Ganz schwach, wie durch einen Nebel, sehe ich ein Bild von mir. Ich vor der Universität. Es ist wie ein Seil aus dieser Zeit, das zu mir herübergeworfen wird. Aber es gelingt mir noch nicht, es festzuhalten. Auch erinnere ich mich jetzt schemenhaft, dass ich nur am Wochenende bei der Kleinen und dem Mädchen war ... Warum habe ich das nur gemacht? Ich hätte sie keinen Tag allein lassen dürfen, weil das Leben so schnell zu Ende sein kann. Ich fragte mich, wie ich nur so dumm sein konnte und meine kleine Familie von Montag bis Freitag allein lassen konnte. Nur wegen eines Studiums?*

Wenn ich durch unsere Wohnung gehe, kommen Bilder von früher hoch. Dann weiß ich ganz sicher, dass ich hier gelebt habe und wie ich hier gelebt habe. Manchmal schaue ich Fotos an und frage meine Frau, wann das war und was wir da mit wem machen. Sie erzählt mir von unserer Vergangenheit. Sie ist für mich die Tür zurück in mein Leben. Immer wieder stehe ich vor unserem Hochzeitsfoto. So fremd mir meine Frau auch erscheint, das Bild beweist mir: Die Kleine habe ich geheiratet.

So vieles passiert in Theos Gedankenwelt. Sein Kopf arbeitet auf Hochtouren, um durch den Alltag zu kommen und um sein *Ich* wiederzuerkennen. Von außen ist das alles nicht zu bemerken; im Gegenteil: Auf Ute wirkt Theo oft einfach abwesend.

Ute   *Nach wie vor entzieht Theo sich uns, sitzt einfach nur auf dem Sofa und starrt ins Leere. Lesen möchte er nicht, legt das Buch oder die Zeitung immer sofort wieder zur Seite. Beim Fernsehen schläft er sofort ein.*

Und dann ist er aber auch wieder ganz lebendig. Interessiert sich für sein vorheriges Leben, stellt Fragen zu Fotos und Gegenständen in der Wohnung. Das habe ich mir ja so gewünscht.

Jetzt will er raus, unterwegs sein. Auch das ist sicher gut und wichtig. Aber muss es gleich das Fahrrad sein? Er schwankt noch oft, weil ihm schwindelig wird, und dann will er Fahrrad fahren! Als er sein Peugeot-Rennrad in der Garage entdeckt, spricht er sofort davon, dass er eine Radtour machen will. Auf dem Hof dreht er erste Runden, ziemlich wackelig, finde ich, aber andererseits wirken die meisten Bewegungen wie Aufsteigen und Bremsen eingespielt. Ich bin dagegen, dass er allein losfährt, doch Theo sagt: „Alles Therapie." Immerhin ringe ich ihm das Versprechen ab, dass er niemals losfährt, wenn ich nicht da bin. Aber was zählt ein Versprechen von einem Menschen, der es im nächsten Moment wieder vergisst? Immerhin ist Sara ja da und hält ihn so sehr auf Trab, dass er in diesen Momenten gar nicht auf die Idee kommen kann, aufs Rad zu steigen, wenn ich bei der Arbeit bin.

Theo   *Das Fahrrad in der Garage ist eines der Dinge, die mir helfen, meine Vergangenheit wiederzufinden. Ich kann mich zwar nicht daran erinnern, wann ich es gekauft habe, aber dass ich Spaß daran hatte, Touren zu machen, spüre ich irgendwie. Als ich es entdecke, würde ich am liebsten sofort losfahren. Aber mir wird noch zu schnell schwindelig. Eine Weile später probiere ich es dann auf dem Garagenhof. Es geht erstaunlich gut. Ich schiebe es zum nächsten Radweg* und fahre los. *Der Sattel, der leichte Lauf des Rades, das Geräusch der Reifen auf dem Asphalt, alles kommt mir bekannt vor. Wenn ich am Weserufer entlangfahre, ist es wie ein Ausflug durch ein fremdes Land. Ich weiß, dass ich hier aufgewachsen bin, und doch schaue ich die Landschaft mit dem Gefühl an, als sei ich an einem fremdländischen Ort. Das Komische ist: Ich weiß genau, wo ich entlangfahren muss, um ans Ziel zu kommen, auch wenn ich nicht weiß, wie das Ziel aussieht. Und ich habe keine Bilder im Kopf, wo ich vor zwei Minuten war.*

Seitdem ich wieder Fahrrad fahre, sagen viele Freunde oder Nachbarn zu mir, dass ich jetzt ja wieder völlig gesund sei. Aber genau das ist mein Problem: Niemand sieht meine Behinderung.

12
Merkt denn hier niemand, dass ich kein Gedächtnis habe?

Morgens ein Stoßgebet zum Himmel, alles möge gut gehen. Mittags auf Überraschungen in der Küche vorbereitet – Ute hangelt sich in diesen Wintermonaten von einem trubeligen Tag zum nächsten. Froh über jede Situation, die ohne größere Katastrophe verläuft. Geplant war, dass Theo im Januar zurück in die Reha kommt, wenn Ute ihre neue Arbeit beginnt. Doch jetzt ist erst mal kein Therapieplatz frei. Zweimal wird der Termin in den folgenden Wochen verschoben, weil dringendere Fälle Vorrang haben. Am 11. März kehrt Theo letztlich nach Hessisch Oldendorf zurück.

Und hier, als sie das Gelände betreten, ist es auf einmal zu sehen, was Ute in den vergangenen Wochen vor lauter alltäglicher Betriebsamkeit gar nicht bemerken konnte: Theo hat in den letzten Monaten einen Riesenschritt gemacht. In der Klinik hingegen scheint die Zeit stehen geblieben zu sein. Der Geruch nach Desinfektionsmitteln und Essen hängt wie immer in der Luft, Patienten schlurfen durch die Gänge. Eine Schwester kommt auf Theo zu und staunt: „Na, du hast dich ja verändert, du bist kaum wiederzuerkennen. Gut siehst du aus!" Auch Ute merkt jetzt, was anders ist: Seine Augen sind klarer und wacher. Viel aufmerksamer. So wunderbar normal. Das Vierteljahr zu Hause hat Theo gutgetan und ihn vorangebracht. Die Ärzte sind begeistert: Was, Theo ist zu Hause allein Fahrrad gefahren? Wer hätte das gedacht!

Sosehr sie die herzliche Begrüßung durch das Personal und dessen begeisterte Reaktionen und Kommentare auch selbst in eine Hochstimmung versetzt, der Abschied nach mehr als drei Monaten Beisammensein fällt den beiden trotzdem schwer:

Ute   Ich fahre zurück nach Höxter und bin traurig, Theo in der Klinik lassen zu müssen. Wieder schläft Sara auf dem Rücksitz. Mein Verstand sagt mir, dass es gut ist, dass er überhaupt weiter in fachmännischer Behandlung sein kann. Seine Zeit bei uns hat ihm also doch geholfen, auch wenn er oft so müde und apathisch war. Es war Therapie für Theo, auf eine andere Art.

Auch Theo, der sich noch am gleichen Tag daranmacht, mit seinen in der Zwischenzeit wiedergewonnenen Fähigkeiten Klinik und Umgebung zu erkunden fühlt die Leere, die Ute nach ihrer Abreise hinterlassen hat. Aber er staunt auch darüber, wie viel übersichtlicher die ganze Umgebung nach der Reha-Pause auf ihn wirkt.

Theo   Ich merke, dass ich nervlich vieles nicht so gut verkrafte. Der Abschied von meiner Frau kommt mir vor wie ein Abschied für immer. Aber ich spüre in der Klinik sofort, dass sich alles viel deutlicher und sicherer anfühlt. Ich nehme mehr wahr als vorher. Den Weg von meinem Zimmer zu den anderen Gebäuden kann ich mir recht schnell merken. Am ersten Abend mache ich direkt einen Spaziergang. Angst, nicht zurückzufinden, habe ich nicht. Die Sonne geht über der Weser unter, gestochen scharf und rot. Es kommt mir hier fremd vor, aber nicht bedrohlich. Ich vermisse Ute und kann überhaupt nicht einschätzen, wie weit entfernt sie gerade ist an dem Ort, an dem wir eigentlich leben. Aber ich spüre deutlich, dass etwas anders ist und ich alles um mich herum wieder viel bewusster erlebe. Am gleichen Abend versuche ich noch, einen Film im Fernsehen zu schauen. Doch das geht überhaupt nicht. Ich verliere sofort den Faden, weil ich mir nicht merken kann, was bisher passierte. Außerdem reden die viel zu schnell. Mit einem Buch geht es mir genauso. Ich vergesse sofort, was ich gerade gelesen habe. Die „Tagesschau" sehe ich mir ab jetzt aber als Training jeden Abend an, doch die Meldungen vergesse ich sofort. Meistens schlafe ich sogar noch während der Sendung ein. Vorm Fernseher kann ich ungeheuer tief und intensiv schlafen. Viel erquickender als im Klinikbett. Blöd ist nur, dass ich danach noch zurück auf mein Zimmer muss.

Theo hat in seinem Heimaturlaub eine ganz zentrale Erkenntnis gewonnen: Stress bringt ihn voran. Er muss sich fordern, denn nur das hilft ihm, immer mehr Bereiche seines bisherigen Lebens zu erschließen. Eine weitere Erkenntnis, zusätzlich zu der, dass er wieder gesund wird, setzt sich in ihm fest. Das Gelände mit seinen vielen kleinen Gebäuden und Nischen fühlt sich für Theo wie vertrautes Terrain an. Neue Patienten kommen hinzu, die den langen Weg der Rekonvaleszenz noch vor sich haben. Es stärkt Theo zu sehen, wie weit er schon im letzten Dreivierteljahr gekommen ist. Merkt er aber, dass er noch immer nicht vollends Herr seiner Sinne ist, macht es ihn wütend.

Theo *Was ich jeden Morgen weiß ist, dass ich schwimmen gehen soll. Aber gleich nach dem Frühstück? Es könnte doch sein, dass ich zum Rechnen muss oder zur Krankengymnastin. Es könnte aber auch Massage dran sein.*

Von welcher Therapie ich gerade zurückkomme, weiß ich nicht. Aber die Unordnung vor meiner Zimmertür fällt mir sofort auf. Auf einem Stuhl, der da vorher ganz bestimmt nicht gestanden hat, liegen Taschen. Als ich näherkomme, sehe ich, dass es meine Sachen sind. Ich stehe ratlos rum. Dann kommt eine Schwester und erklärt mir: „Aber, Theo, du kommst doch jetzt auf ein anderes Zimmer, das haben wir mehrmals besprochen." Das gibt es ja wohl nicht! Glauben die, die können mit mir machen, was sie wollen? Ich brülle: „Weiß in dieser Klinik eigentlich niemand, dass ich kein Gedächtnis habe!"

Immerhin, der Temperamentsausbruch zeigt, dass Theo in seiner Orientierungslosigkeit nicht mehr hilflos ist, sondern erstens weiß, was ihm fehlt, und zweitens aufbegehrt. Ein Zeichen von Lebendigkeit, von Selbstbewusstsein im Wortsinne. Theo weiß jetzt zwar immer noch nicht alles aus seiner Vergangenheit, aber dass er ein erwachsener Mann ist, dessen Gedächtnis schwer geschädigt ist, das weiß er.

Die Gehirnblutung liegt jetzt, im Frühling 1983, knapp ein Jahr zurück. Was für eine Strecke hat Theo seitdem zurückgelegt. Ein Wunder eigentlich, dass er nun – bei aller Einschränkung – so unbeschwert leben kann. Er erlebt es selbst genauso.

Theo   Den Weg zum Freibad in Hessisch Oldendorf kenne ich jetzt im Schlaf. Ich gehe ihn nicht einfach so, sondern mir ist bewusst: Ich bin ein junger Mann, der allein und ohne Aufsicht in ein Freibad und zurückgehen kann. Was für ein Freiheitsgefühl!

In der Klinik bin ich jetzt in einem Nebengebäude untergebracht, das ist fast wie im Urlaub: Morgens gibt es Frühstück, dann Therapie, nachmittags gehe ich ins Schwimmbad. Ich ziehe völlig gedankenlos meine Bahnen, als plötzlich eine junge Frau neben mir auftaucht. Sie scheint mich zu kennen, denn sie redet völlig selbstverständlich mit mir und sagt, dass Maike auch da ist. Wer ist Maike? Mir fällt kein Gesicht dazu ein. Zusammen gehen wir aus dem Wasser und über die Wiese. Als wir bei der Frau, die Maike heißt, stehen, kommt mir ihr Gesicht irgendwie bekannt vor. Wir lassen uns auf Handtüchern nieder und ich wundere mich, warum ich hier eigentlich mit diesen beiden jungen Frauen liege. Die andere heißt Antje. Als sie mir erzählen, dass es demnächst eine Patientenparty in der Klinik geben wird, dämmert mir, dass sie vermutlich Therapeutinnen sind. Ich frage mich, ob die beiden die Therapie mit mir hier gerade freiwillig in ihrer Freizeit fortsetzen. Das verwirrt mich. Jetzt bietet mir Maike eine Zigarette an. Ich stutze und Antje antwortet für mich: „Theo ist doch Nichtraucher, das weißt du doch!" Sofort zischt Maike, woher Antje das denn bitte wissen wolle. Ehrlich

gesagt, wüsste ich das auch gern. Bin ich Nichtraucher? Woher weiß
sie das? Ich weiß es jedenfalls nicht. Nur den Rauch finde ich wi-
derlich, aber irgendeine Ahnung sagt mir, dass das nicht immer so
war.
Als die Party stattfindet, bin ich überwältigt. Der große Ergothe-
rapieraum hat sich in eine richtige Disco verwandelt. Riesige Laut-
sprecher, bunte Scheinwerfer, abgedunkeltes Licht. Die dröhnenden
Bässe erinnern mich an etwas. Nur an was? Es scheint mir gar nicht
so sehr eine konkrete Situation zu sein, sondern eher die Erinnerung
an ein Lebensgefühl von früher. Maike entdeckt mich, kommt auf
mich zu und zeigt mir ein paar simple Tanzschritte. Dann tanzen wir.
Besser: Sie tanzt, ich versuche es. Mein Gleichgewichtssinn kommt
hier ganz schön durcheinander, ich muss mich enorm konzentrieren,
wenn ich nicht stolpern will. Maike führt mich, auch das kommt mir
irgendwie bekannt vor. „Du riechst so gut!", schreit sie gegen die lau-
te Musik an. „Das ist das Parfüm von dem Patienten mit dem schnel-
len Auto", versuche ich ebenso laut zu antworteten. Doch es kommt
eher ein Krächzen heraus. Ich weiß nicht so recht, ob das alles wahr
ist, was ich hier erlebe. Warum tanze ich hier, bin ich nicht Patient
einer Neurologischen Klinik? Einer, der sehr krank war, aber wieder
gesund werden wird? Alles um mich herum ist laut und bunt und die
ganze Stimmung so unwirklich. Oder träume ich? Kann ich Traum
und Wirklichkeit nicht mehr unterscheiden?

Was für ein Erlebnis! Was für ein gutes Zeichen dafür, dass das
Leben in Theo zurückkehrt, aber auch, wie mühsam es ist. Theo
ist ein junger Mann, Mitte 20, groß und wieder zu Kräften gekommen. Die beiden Therapeutinnen, vermutlich im gleichen
Alter, treffen ihn zufällig außerhalb der Klinik. Sie freuen sich,
dass er schon wieder so selbstständig unterwegs sein kann. Bei
vielen Patienten erleben sie, dass diese trotz aller Anstrengungen nur ein ganz bescheidenes Niveau erreichen, kaum alte Fähigkeiten wiedererlangen und dann letztlich vor sich hin däm-
mern. Als sie Theo in der sommerlichen Freibadatmosphäre

entdecken, sehen sie wohl erstmals nicht in erster Linie den Patienten, sondern auch den jungen Mann in ihm. Wollen die jugendliche Abenteuerlust in ihm wecken, weil sie sich wünschen, dass er wieder das ganz normale Leben eines Mittzwanzigers führen kann. Doch so weit ist Theo noch gar nicht. Er ist ja schon damit überfordert, dass er spürt: Eigentlich müsste ich die Frauen, die so selbstverständlich mit mir sprechen, doch kennen. In der Disco hat er auch nur eine Ahnung, dass er Ähnliches schon mal erlebt hat. Und die offensichtlichen Annäherungsversuche von Maike prallen an ihm ab, weil er sie gar nicht als solche erkennt.

Interessant an diesem verhinderten Beinahe-Flirt ist aber auch: Selbst eine Therapeutin aus der Klinik merkt offenbar nicht, wie wenig Theo Herr seiner Sinne ist und dass Gespräche mit ihm nicht auf Augenhöhe stattfinden. Man erkennt seine Behinderung nicht.

Auch später, als Theo längst wieder arbeitet, sind es die Frauen, die sich nur zu gern beschützend um ihn kümmern. Sie alle deuten seine zurückhaltende Art als Stärke, nicht als Unsicherheit.

So unbedarft Theo in dieser Anekdote rüberkommt: Er weiß genau, dass er eine Frau hat. Und eine andere sucht er nicht. Im Gegenteil: Trotz des leichten Sommer-Feelings, das seinen zweiten Reha-Aufenthalt bestimmt, will Theo jetzt unbedingt bald wieder nach Hause, denn er sehnt sich nach Ute: *„Der Abschied von ihr fällt mir jeden Sonntag schwerer."*

Ute *Ende Juni erklärt uns der Arzt, dass Theo keine Fortschritte mehr macht. Er hat eine lange Strecke hinter sich, aber jetzt geht es erst mal nicht weiter. Außerdem sei Theo unruhig und halte es in der Klinik nicht mehr aus. Der Arzt meint, der Urlaub über die Jahreswende habe gezeigt, dass er zu Hause gefordert ist, was sehr wichtig sei. Man hat außerdem mit ihm einen Konzentrations- und*

Reaktionstest gemacht, um Theos Fahrtüchtigkeit er ermitteln: Er darf tatsächlich wieder Auto fahren. Anfangs bin ich immer dabei, wenn Theo Auto fährt. Ich beobachte sein Reaktionsvermögen. Er fährt erstaunlich umsichtig und ruhig, komisch, dass das so gut klappt. Wochen später fährt er kleine Strecken, die ihm von früher vertraut sind, auch allein. Neue, fremde Strecken bleiben aber für ihn ein Problem.
Als Theo entlassen wird, sind wir sehr glücklich. Es geht weiter. Wir können wieder zusammen sein.

Ute ist froh darüber, dass Theo es so weit geschafft hat. Gerade in diesen Sommerwochen, in denen sie sich täglich an die Dramatik des Vorjahres erinnert. Und doch bedeutet Theos Rückkehr für Ute vor allem Arbeit und dies wird ein Leitmotiv ihrer Ehe und ihres gemeinsamen Lebens: Ja, Ute ist glücklich, Theo nicht verloren zu haben, und doch bedeutet das Leben mit ihm auch eine Last.

13
Papa, warum machst du zweimal Salz ans Nudelwasser?

Im Alltag von Familie Jäger herrscht kontrolliertes Chaos, prognostizierbar ist nur, dass nichts vorhersehbar ist. Ihr Leben bringt ein stetes Auf und Ab aus Erfolgen, Misserfolgen, bösen und glücklichen Überraschungen mit sich. Theo ist einerseits nach wie vor stark eingeschränkt, er vergisst vieles und hangelt sich von Situation zu Situation, doch andererseits hat sich in ihm festgesetzt: Ich brauche eine Aufgabe. Und wenn ich schon nicht machen kann, was andere Männer tun, dann eben Haushalt: „Ich werde Hausmann, weil es keine andere Möglichkeit für mich gibt", stellt er nüchtern fest. Ute ist überrascht.

Ute   Theo will mich mehr entlasten. Das, was in der Reha-Pause aus der Not heraus geboren wurde, will er nun weiterführen und ganz Hausmann sein. Er möchte selber kochen, die Wohnung sauber machen, Sara versorgen. Das sei nun sein Job, meint er. Gut gemeint. Aber bekanntlich ist „gut gemeint" oft das Gegenteil von gut.

Einmal komme ich mittags nach Hause und finde auf dem Herd einen glühenden Topf. Die Kochplatte läuft auf voller Stufe, das Wasser ist längst verdampft und von Theo keine Spur. Er sitzt bei Sara im Zimmer und liest ihr vor. Was hätte alles passieren können!

Theo verkündet einfach Ziele, doch er kann überhaupt nicht einschätzen, wie realistisch sie sind. Und meistens kann er sie auch nicht erfüllen.

Ich mache die Erfahrung, dass Geduld ein sehr harmloses Wort ist. Als ich vor dem glühenden Topf stehe, muss auch ich erst mal abkühlen. Schließlich sage ich mir: Es nutzt nichts, er kann nichts dafür. Er ist seiner Behinderung hilflos ausgeliefert und ich muss lernen, damit zu leben. Ob man das kann?

Manchmal hilft mir in solchen Momenten der Gedanke, dass er ja noch auf dem Weg der Genesung ist und dass er schon so viel geschafft hat in diesem einen Jahr. Ich muss mich regelrecht ermahnen, geduldig zu sein und pragmatisch: Ich gewöhne mir an, Theo zwischendurch anzurufen, und schreibe ihm Zettel, die ihn erinnern sollen, was er zu kochen hat, wann ich nach Hause komme oder was er noch besorgen muss. Manchmal scheint es mir aber so, als ob meine Erinnerungsstützen gar nicht gut sind – im Gegenteil, das scheint ihn eher abzulenken und durcheinanderzubringen.

Wenn ich morgens die Wohnung verlasse und zur Arbeit gehe, überschütte ich meine beiden in Gedanken eimerweise mit Gebeten. Theo hingegen ist immer ganz ruhig und überzeugt, dass ich mir keine Sorgen machen muss.

Einerseits schafft er das wenige, dass er sich vornimmt kaum, andererseits entwickelt er mit der Zeit sogar den Ehrgeiz, richtig gut kochen zu lernen. Er sucht sich Rezepte heraus, schreibt Einkaufszettel und am folgenden Tag kocht er die Gerichte dann wirklich.

Theo   *Der Stress beginnt schon, wenn ich morgens das Frühstück mache. Erst mal den Kaffee finden und die Kanne für die Maschine. Meine Frau fragt, ob der Kaffee fertig ist, verflixt. Das habe ich tatsächlich vergessen. Dann die Filtertüten suchen. Und wie viele Löffel braucht man jetzt für eine Kanne? So kann man doch unmöglich leben!*

Kochen mit nur zwei Platten ist unsagbar schwer. Was ist jetzt in den Töpfen? Deckel anheben. Gucken. Gleich wieder vergessen. Noch mal den Deckel anheben. Welche Gewürze sind schon drin? Einmal steht die Kleine auf einem Höckerchen mit am Herd, guckt mich mit großen Augen an und fragt: „Papa, warum machst du zweimal

*Salz an das Nudelwasser?" Keine Ahnung, habe ich das Nudelwasser
schon gesalzen? Und wie lange kocht das alles jetzt schon?*

Ute   *Man kann sich nicht vorstellen, wie lange Kochen bei einem
Menschen ohne Kurzzeitgedächtnis dauert! Erst mal stellt er die Zu-
taten auf die Arbeitsplatte, allerdings nur die, die er gerade einge-
kauft hat. Zwiebeln, Tomaten, Hackfleisch, Nudeln. Dann schaut
er ins Rezept. Jetzt merkt er, dass noch Gewürze fehlen. Die sind im
Schrank. Er öffnet eine Tür, dann die nächste, wieder die erste, holt
Salz und Pfeffer heraus, stellt es zu den anderen Sachen, liest im Rezept. Sucht wieder etwas, öffnet die Schränke, fragt, ob ich wisse, wo
die Zwiebeln seien. Sie liegen direkt vor ihm, er hat sie vor fünf Minuten aus der Einkaufstasche genommen und auf der Arbeitsplatte
bereitgelegt. „Ach, da sind sie!", ruft er und schaut wieder ins Rezept.
Ist das Gemüse gewaschen und geschnitten und endlich im Topf,
hebt er ständig die Deckel hoch und schaut nach, was in den Töpfen
ist. Wieder und wieder. Dass man dabei die (vorgesehene Gar-) Zeit
vergessen kann, ist kein Wunder. Spaghetti al dente gibt es bei uns
jedenfalls nur, wenn ich koche.*

*Unterbricht Sara Theo, weil sie mit ihm außerhalb der Küche spie-
len will, hat er keine Chance, alles bis zum Mittag zu schaffen. Die
Zeit arbeitet gegen ihn. Das merkt auch er und beschließt, Saras
Mittagsschlaf vorzuziehen, um sich dann ausschließlich dem Kochen
zu widmen. Schlecht ist nur, wenn man zwischendurch vergisst, dass
man das Kind eher schlafen legen wollte!*

*Jeden Mittag, wenn ich mit knurrendem Magen die Treppen hoch-
steige, frage ich mich, wie es wohl heute gelaufen ist und was es jetzt
gleich zu essen gibt. Oft endet alles in einer Enttäuschung. Ein rat-
loser Mann und eine fröhliche Tochter, das Bilderbuch in der Hand,
begrüßen mich im Flur.*

*Auf Dauer geht das nicht. Nach ein paar Wochen geben wir
uns geschlagen und entscheiden: Mittags reicht ein Brot, wir essen
abends warm.*

Immerhin schafft er es, sich gut um Sara zu kümmern. Ich bin so froh, dass er sie wickelt, wäscht und zwischendrin aufs Töpfchen setzt. Wenn sie Hunger hat, macht er ihr was zu essen. Und sie ist sauber angezogen.

Trotzdem: Wenn ich von der Arbeit komme, kann ich oft einen kurzen Aufschrei nicht unterdrücken: Wie sieht Sara denn wieder aus? Eine Blümchenhose in Rosatönen zu einem türkisfarbenen Ringelshirt, dazu eine orangefarbene Strickjacke! Theo schaut mich dann ganz entgeistert an. „Wieso, was hast du? Es passt und Sara ist zufrieden!" Er hat recht – und es tut mir leid, dass mir diese Äußerlichkeiten so wichtig sind. Dennoch lege ich die Kleidung weiterhin so in den Schrank, dass er eigentlich sofort sehen muss, wie Ober- und Unterteil zusammengehören. Er sieht es nicht.

Man könnte denken, wenn sich Ute über Nebensächlichkeiten wie schrille Farbmixe aufregt, kann es im Hause Jäger ja keine wirklichen Probleme geben. Doch genau darum geht es: So gesund Theo auf Außenstehende wirkt, so sehr merkt Ute an allen Ecken und Enden, wo er Defizite hat. Das gemeinsame Leben ist nicht annähernd so wie früher, sein Anderssein belegt ihren Alltag mit Beschlag.

Wenn die beiden zusammen einkaufen gehen, hängt Theo ihr an den Fersen – denn er ahnt: „Wenn ich sie jetzt aus den Augen verliere, finde ich sie vielleicht nicht mehr wieder. Oder er irrt orientierungslos durch die Gänge des Supermarktes, auf der Suche nach bestimmten Dingen, an die er sich längst nicht mehr erinnern kann. „Wo war denn noch das Brot?" – „Was hat Ute eben gesagt, was soll ich holen?" – „Wie viel Liter Milch noch gleich?" Fragen über Fragen. Und jedes Mal muss Ute ihm aufs Neue erklären, wo und was er suchen muss. Dass sich die Leute im Laden längst nach ihnen umdrehen, versteht sich von selbst. Die kleine Frau, die ihren großen, langsamen Mann durch die Gänge hetzt, ist wieder da.

Ute   Theo deponiert Dinge an bestimmten Plätzen. Wehe, ich komme auf die Idee, etwas zu verändern! Dann protestiert der sonst so ruhige Mann aber energisch. Der Spruch „Ordnung ist das halbe Leben" bekommt bei uns eine neue Bedeutung, denn für Theo sind die Dinge nur auffindbar, wenn sie immer am selben Platz vorzufinden sind. Lebensmittel, Geschirr, Rasierzeug – alles muss so im Regal stehen wie immer, sonst wird es schwierig.

Seine ganz persönlichen Sachen – Uhr, Bibel, Schlüssel – bewahrt er „vorsichtshalber" in Reich- und Sichtweite in seinem Nachtschrank auf.

Theo entwickelt ein eigenes Ablagesystem, legt neue Ordner für Schriftverkehr und Rechnungen an, sodass unser Haushalt auf doppelte Buchführung umsteigt. Wo die gemeinsam angelegten Akten stehen, hat er vergessen oder findet sie nicht, selbst wenn sie direkt vor seiner Nase stehen.

Auf den ersten Blick sieht Theo wieder richtig gesund aus. Er hat wieder zugenommen und bewegt sich annähernd normal. Äußerlich ist er so gut wie wiederhergestellt. Und auf seine neue, stille Art beteiligt er sich sogar an Gesprächen und antwortet auf Fragen. Seine Vergesslichkeit überspielt er mit seinem trockenen, speziellen Theo-Humor. Sätze wie „Na dann muss ich das jetzt aber schnell machen" oder „Ach, ist es schon so weit!" kommen bei ihm so trocken daher, als sei es ihm nicht peinlich, sondern als stehe er voll über der Situation. Take it easy.

Familie und Freunde sind überrascht, wie gut es ihm wieder geht. Sie schauen ihm aber nur vor die Stirn, was sich dahinter abspielt, ahnen die wenigsten. Selbst ich nicht. Das Vergessen ist sein getarnter Begleiter.

Auch wenn Ute sieht, was Theo alles noch nicht wieder kann, treibt sie dennoch den Anschluss an ihr gemeinsames, früheres Leben voran. Sie laden Freunde ein, machen Besuche und gehen sonntags in den Gottesdienst. Überall große Freude, Theo zu sehen!

Wer kennt das Gefühl nicht? Kehrt man nach einem Urlaub am Meer oder in den Bergen nach Hause zurück, fallen einem Autoverkehr, Abgase, Geräusche aus der Nachbarwohnung und die Hektik des Stadtalltags besonders auf. Man sehnt sich nach der Ruhe und Klarheit des Urlaubsortes, und gewöhnt sich doch schnell wieder an den Alltag.

Vielleicht kann man Theos Erfahrung nach dem Koma damit vergleichen. Dabei sind für ihn nicht nur viele alltägliche Reize störend; manches aus seinem vorherigen Leben kann er schlicht nicht mehr ertragen, so wertvoll es ihm einst auch war. Seine Pfeifen, im Regal liebevoll aufgebaut, daneben die Tabakdosen – sie waren für ihn früher einmal der Ausdruck von sinnlichem Genuss und Gemütlichkeit. Er wirft sie weg. Die Plattensammlung – darunter Perlen der Musikgeschichte wie Santana und Deep Purple – landet im Müll. Seine Erklärung: „Die haben eine dämonische Ausstrahlung." Ute ist perplex. Was soll dieses Gebaren, wie kommt er darauf? Santana war die Musik ihrer Teenagerzeit, dazu haben sie ihren ersten Tanz gemacht.

Sie überlegt: Vielleicht hat Theo im Koma eine Erfahrung gehabt, die ihn jetzt voller Überzeugung solche Sätze sagen lässt? Sie hatte ja auch ein Gotteserlebnis. Vielleicht erinnern ihn die Bilder an etwas, dass er gesehen hat und mit etwas Bösem verbindet.

Eines Morgens wacht Theo auf und sagt zu Ute: „Ich bin mir nicht sicher, ob du nicht auch entrückt wirst." Das ist unheimlich: Sieht er seine Erfahrung im Koma als Kurzbesuch in göttlichen Sphären an, der ihn dazu befähigt, hier auf Erden in Gut und Böse zu unterscheiden?

Auch bei Bibeltexten, die beide jetzt wieder gemeinsam zu lesen versuchen, fällt Ute auf, dass Theo sie ungewohnt hart, regelrecht dogmatisch, auslegt. Das war doch zuvor nicht so. Jetzt lässt er nicht mal mehr eine Diskussion zu und wird unwirsch, wenn Ute ihre Interpretation einbringen will. Seine Sicht ist unumstößlich, basta!

Ute kommt an die Grenzen ihrer Geduld und Nachsicht. Nach und nach entlockt sie ihrem Mann Antworten auf die Frage, was ihn im Koma so stark aufgewühlt hat. Die Erfahrung, die Theo aus dem Koma mitbringt ist: Wir hier auf der Erde wissen nicht, was richtig und was falsch ist. Genau das zu wissen, eine Ordnung zu haben, ist für Theo in einem Alltag, der ihn permanent überfordert, aber extrem wichtig. Er klammert sich an die Bibel, weil sie ihm Orientierung gibt.

Nachdem er aus dem Koma erwacht ist, denkt er: „Na, dann war das ja doch nicht so falsch, woran ich immer geglaubt habe." Das ermutigt ihn, sich noch entschiedener an seinen Glauben zu halten. Vieles nimmt er jetzt extrem wörtlich, das wirkt auf andere befremdlich, vielleicht naiv.

Ute *Einmal frage ich ihn: „Was machst du, Theo?" – „Ich lerne." – „Du lernst? Was denn?" Er schaut mich eine Weile nachdenklich an und ich stelle mich schon darauf ein, keine Antwort mehr zu bekommen. Da zieht er einen Zettel aus seiner Brusttasche und hält ihn hoch: „Ich schreibe mir Bibelverse auf und lerne sie auswendig. In der Bibel steht, dass Gottes Wort Medizin ist."*

Im Laufe der Zeit zieht bei Jägers so etwas wie Alltag ein. Und Theo macht wieder Pläne.

Ute *Eines Tages bricht er zu einer Fahrradtour auf. Keine Stunde später ist er zurück, steht vor mir und sagt unvermittelt: „Ich habe den Eindruck, wir sollten ein zweites Kind haben." Ich muss lachen, weil er so plötzlich damit herausrückt. Aber er sagt es so entschieden und klar, dass ich denke: „Das ist mein alter Theo." Auch ich habe natürlich schon darüber nachgedacht, wie es wäre, wenn unsere*

Familie wächst. So gern hätte ich ein Geschwisterchen für Sara. Aber ob der Zeitpunkt richtig ist? Theo grinst und meint, das Kind sei ein Symbol der Hoffnung, ein Zeichen, dass es weitergeht. Wenig später bin ich schwanger. Ein Bekannter kommentiert die Neuigkeit: „Jetzt ist Theo wieder ganz gesund!"

Es ist eine eigenartige Szene. Theo fährt mit seinem Rad einen Berg hoch, schwitzt vor Anstrengung und weiß plötzlich: Ute und er sollten noch ein Kind bekommen. Und das obwohl ihn der Alltag mit einem Kind schon an seine Grenzen bringt. Theo kann es Ute nicht erklären, wo der Wunsch herkommt. Er weiß es einfach: jetzt ist der richtige Zeitpunkt dafür gekommen. Auch der Gedanke, in einem anderen Menschen weiterzuleben, leitet ihn. Und immerhin: Er denkt über den Moment hinaus, plant etwas. Das ist immer noch neu für ihn. Delia, die im Sommer 1984 zur Welt kommt, wird ein ausgewachsenes Papa-Kind und ihn später wie eine Löwin verteidigen.

Im Sommer 1984, gut zwei Jahre nach Theos Gehirnblutung und kurz vor Delias Geburt, kommt Sara in den Kindergarten. Für Theo eine neue Herausforderung: Er muss jetzt täglich morgens bis neun Uhr mit einem fertig gewaschenen und angezogenen Mädchen im Kindergarten sein. Tatsächlich schafft er es meistens irgendwie, Sara in letzter Minute abzuliefern, bevor die Tür geschlossen wird und der morgendliche Stuhlkreis für die Kleinen beginnt. Mittags allerdings sitzt sie oft noch länger als die meisten anderen Kinder brav auf ihrem Platz im Flur und wartet – oftmals als Letzte – auf ihren Papa. Die Erzieherinnen macht er sich damit nicht zu Freundinnen; dafür sind die anderen Mütter verblüfft über den Mann, der sie täglich gleich mehrmals grüßt, ganz so, als ob es für ihn immer eine ganz besondere, eine einmalige Begegnung wäre. Theos Strategie ist klar: Weil er sich nicht so schnell merken kann, wem er beim Bringen oder Abholen von Sara schon begegnet ist – schließlich hat er ja auch noch ein Kind dabei, das seine Aufmerksamkeit fordert und ablenkt – grüßt er einfach alle, die ihm entgegenkommen – oder niemanden.

Ute Ende Juli kommt Delia zur Welt! Theo ist bei der Geburt dabei. Er ist der Erste von uns beiden, der sie auf dem Arm hat und der mit einem Schlauch dem blau angelaufenen Baby Sauerstoff zuführt. Wir sind uns in diesem Moment ganz, ganz nah. Verbunden durch das Staunen über das große, kleine Wunder, hingerissen von Delias süßem Gesicht. In diesem Moment ist Theo so konzentriert, so sehr bei der Sache. Und Delia ist von Anfang an auf Theo fixiert. Ihn hat sie zuerst gesehen, dann erst mich. Das muss sie sich sofort gemerkt haben. Ich halte dieses süße Baby in meinem Arm, bin gerührt und kann unser Glück gar nicht fassen. Wider alle Erwartungen haben wir ein zweites Kind! Ein gesundes, munteres, kleines Mädchen.

Ich erinnere mich an jenen dramatischen Abend, als Theo im Koma lag und ich Gottes Zusage hörte, dass Theo ganz gesund werden wird. „Das letzte Stück wird dein Papa auch noch schaffen! Er wird ganz gesund werden!", flüstere ich ihr ins Ohr.

Als ich nach acht Wochen Mutterschutz wieder arbeiten muss, hat Theo zwei Kinder zu versorgen. Wieder soll ich mir keine Sorgen machen, es wird schon gehen, beruhigt er mich täglich. „Das ist alles Gedächtnistraining!", sagt er ganz oft. Und ich muss immer noch lernen, über Nebensächlichkeiten hinwegzusehen, meine Erwartungen an ihn nicht zu hoch zu schrauben und mir zwischendrin immer wieder klarzumachen, dass es ihm insgesamt so viel besser geht.

Er schafft nicht das, was ich schaffen würde, das ist von vornherein klar. Wichtig ist, dass Sara rechtzeitig im Kindergarten ankommt – auch wenn ihre Haare zerzaust sind und die beiden wieder eine ausgefallene Garderobe zusammengestellt haben. Auf jeden Fall sind sich Vater und Tochter in diesem Punkt in der Regel einig oder Sara überredet ihn, was nicht schwer ist.

Sie sind eine quicklebendige Familie, aber ganz sicher nicht das, was Ute in ihren Träumen als Idealbild vorschwebt. Für Sara aber ist gerade dieser unkonventionelle Lebensstil bis heute Vorbild. Denn egal, was er alles nicht kann, als Vater bietet Theo seinen Töchtern das Gefühl von Geborgenheit und gleichzeitig großer Freiheit.

Mit seinem Bemühen, im Alltagsleben wieder richtig Tritt zu fassen, geht auch eine andere Entwicklung einher. Theo versucht seine eigene Geschichte aufzuarbeiten. Eine elektrische Schreibmaschine wird angeschafft und er tippt nun in jeder freien Minute mühsam mit dem Ein-Finger-Suchsystem, um seine Erinnerungen und neue Gedanken festzuhalten. „Das ist Gedächtnistraining", sagt er zu Ute. Und sicher auch der Versuch, das Erlebte zu bewältigen. Denn eines nagt immer noch an ihm: der Gedanke, mit 25 Jahren beinahe gestorben zu sein und jetzt weiterzuleben.

Theo   Ich habe keine Ahnung, welchen Charakter ich vor dem Koma hatte oder was ich für ein Typ war. Ich bin mir selbst unbekannt. Versuche ich zurückzudenken, kann ich nur ein großes Loch in meinem Kopf entdecken. Es scheint keinen Weg zurück in die Zeit vor dem Koma zu geben. Von ihr lebe ich getrennt wie ein Astronaut, der ein Raumschiff ohne Sicherheitsleine verlassen hat und völlig losgelöst durchs All fliegt. Das Einzige, das mir Gewissheit gibt, ist das Gefühl in mir, wenn ich meine Frau sehe.

Seinen Mitmenschen, auch Ute, vertraut sich Theo nicht so recht an. Aus Angst, unverstanden zu bleiben? Aus Angst, etwas falsch zu machen oder andere zu befremden? Dabei wünscht sich Ute so sehr, Gefühle mit ihm teilen zu können, ihn zu verstehen. Doch der Zugang zu seinen Emotionen und Erinnerungen ist ihm selbst verschlossen.

Ute Theo schreibt, um seine Erinnerung zu aktivieren. Aber ich darf seine Aufzeichnungen nicht lesen. Oft sitzt er auch einfach regungslos auf dem Sofa, als träume er mit offenen Augen. Ich fühle mich ohnmächtig im Umgang mit ihm, denn es kommt mir immer mal wieder so vor, dass Theo losgelöst vom Geschehen um sich herum lebt. Für sich. Allein, in seiner Welt. In unserer Welt ist er nur mit einem Bein angekommen. Das andere steht irgendwo anders. Wie soll man so auch laufen können?

Ihre Wahrnehmung deckt sich mit der von Theo, auch wenn die beiden nicht darüber sprechen.

Theo Schwerelos scheint alles um mich zu kreisen. Der Zufall entscheidet, was ich greifen kann und was nicht. So soll ich weiterleben?

Das Leben mit Kindern lässt keine Zeit für allzu lange Reflexionen, für Pausen, in denen man sich neu sortieren kann. Der Alltag fordert Routine und Entscheidungen, die einfach auf dem Lebensplan anstehen. Im Falle der Jägers ganz dringend: eine größere Wohnung. Ute als Organisatorin der Logistik im Hintergrund, Theo als Ausführender. Selbstverständlich überträgt Ute ihrem Mann die Aufgabe, die Küche aufzubauen. Dazu muss er die neue Arbeitsplatte ganz genau ausmessen und einpassen, Hängeschränke andübeln, Herd, Waschmaschine und Lampen anschließen. Ganz schön mutig, das ist ja schon für einen gesunden Menschen eine Mammutaufgabe, aber für ihren Mann doch eigentlich unmöglich, aus diesem Meer an Schrauben, Dübeln, Kabeln und Schläuchen ein funktionierendes Ganzes aufzubauen.

Theo Ich arbeite im Schneckentempo. Mal vergesse ich das Werkzeug, fahre wieder nach Hause. Lege es irgendwo ab, wo ich es nicht gleich wiederfinde. Im Baumarkt suche ich nach Schrauben. Fahre wieder zurück. Um auf die Leiter zu klettern, muss ich mich sehr konzentrieren, mir wird schnell schwindelig. Wenn nur nicht immer so viel Zeit mit der Sucherei verloren gehen würde. Wenn ich mir wenigstens merken könnte, wo ich bereits gesucht habe. Wenn es mir wenigstens nicht so vorkommen würde, als bewege sich alles um mich herum von alleine fort!

Und Ute? Erwartet, dass alles fertig wird, ohne sich darüber klar zu sein, was für eine enorme Anstrengung das alles für Theo ist.

Ute Theo streicht und tapeziert neben der täglichen Hausarbeit. Das Kinderzimmer soll in einem zarten Rosé-Ton gestrichen werden, Rosa ist derzeit Saras Lieblingsfarbe. Nach der Arbeit bin ich gespannt, was er geschafft hat. Schon an der Tür hüpft mir Sara aufgeregt entgegen: „Schau nur, was Papa Tolles gemacht hat!" Auch Theo steht stolz im Flur: „Fertig. Nur noch aufräumen."

Ich gehe weiter und bin geblendet von knalligem Pink. Hatten wir nicht Rosé vereinbart? Zartes Rosé? Sara findet es super, Theo ist stolz. Und ich? Bin überwältigt von diesem Leuchtzimmer und gebe meinen Protest auf.

Mir wird an diesem Tag klar: Theo schafft wieder Aufgaben, denen er sich stellt. Was für ein Erfolg, was für ein Fortschritt. Aber überschätzen wir Theo? Offensichtlich hakt das Gedächtnis immer wieder und er geht in seiner Unsicherheit Kompromisse ein. Fragt auch nicht mehr nach, was besprochen wurde. Sicher hat er gedacht, das Kind wisse noch, welcher Farbton es sein sollte und sich bei Sara erkundigt, was besprochen wurde. Und sie hat sich natürlich von ihrem Wunsch leiten lassen, dass es richtig leuchtet und Papi deshalb bitte noch ein bisschen mehr Rot dazugeben soll.

Aber ich bin mir nicht sicher, warum er nicht nachvollziehen kann, wenn ich von ihm fordere, dass wir uns absprechen müssen und er nachfragen soll. Oder will er es nicht verstehen? Versteckt er sein Vergessen hinter seiner Argumentation? Theo bleibt dabei: Er ist stolz darauf, was er geschafft hat! So ist es auch mit vielen anderen

Dingen. Worauf Theo stolz ist, bedeutet für mich oftmals eine nervenaufreibende Geduldsprobe.

Die Langsamkeit ist sein ständiger Begleiter. Die Ungeduld meiner. Und der Zweifel, ob er es überhaupt jemals schaffen wird. Ständig muss ich ihn an die Dinge erinnern, die gerade anstehen. Das ist für mich inzwischen so normal geworden, dass ich gar nicht mehr darüber nachdenke. Manchmal merke ich dann, wie mich Außenstehende mit ihren Blicken tadeln. Freunde mahnen auch gern mal „Lass ihn doch!" oder „Theo kann doch für sich entscheiden." Als wolle ich meinen Mann bevormunden. Die haben ja keine Ahnung! Manchmal erkläre ich mich, aber längst nicht immer.

Inzwischen stelle ich auch vonseiten seiner Familie eine gewisse Erwartungshaltung fest. Theo ist ja so ein guter Handwerker – das ist er doch schon immer gewesen – da kann er doch sicherlich schnell mal vorbeischauen und helfen. Alle setzen voraus, dass sich das nicht geändert hat. Fachliches – wie das Anschließen und Reparieren von Elektrogeräten oder Steckdosen und Steckern – hat er tatsächlich nicht vergessen. Doch alles, was er tut, wirkt langsam und schwerfällig. Was auch immer er angeht, es braucht Zeit und kommt mir sehr umständlich vor. Ein Vorhaben planen und überschauen macht ihm enorme Schwierigkeiten, selbst wenn es eine noch so kleine Sache ist.

Ruft jemand an und bittet um Hilfe, lässt er den Haushalt stehen und liegen, packt die Kinder ein und fährt los. Er kommt gar nicht auf die Idee, sich für einen späteren Termin zu verabreden, um erst einmal seine eigentlichen Aufgaben – seinen Tagesplan – erledigen zu können.

Wenn ich Glück habe, denken die anderen daran, mir Bescheid zu geben, wo meine Familie steckt. Theo jedenfalls verständigt mich nicht.

Oft komme ich nachmittags nach Hause in der Erwartung, direkt mit den Kindern zum Arzt oder einer Spielverabredung zu fahren.

Schon in der Tür sehe ich, dass Theo es vergessen hat. Sara und De-lia sind noch nicht umgezogen und mitten ins Spiel vertieft. Dann muss ich sie alle antreiben, das macht mich ärgerlich. Wenn Theo in solchen Situationen merkt, dass ihm wieder etwas entgangen ist, entschuldigt er sich mit allerlei Ausreden: „Den Abwasch mache ich dann später, wenn du die Kinder ins Bett bringst." Ja, ja, das bisschen Haushalt mal eben so nebenbei am Abend, wo er doch abends der Erste ist, der schläft.

Ich merke ja, dass er mir keinen zusätzlichen Stress machen möchte und seiner Vergesslichkeit hilflos ausgesetzt ist. Wie ein Blin-der, der sich auf das gewohnte Umfeld eingestellt hat, so tastet sich Theo durch den Alltag. Familie ist sein geschützter Rahmen und gleichzeitig seine Herausforderung, in der er seine Grenzen austestet.

Aus Theos Sicht liest sich das Gezerre um Pflichten in dessen Tagebuchaufzeichnungen so:

Theo *Immer und immer wieder mache ich die gleichen peinlichen Erfahrungen. Und immer und immer wieder werde ich von meiner Frau kontrolliert und korrigiert. Immer und immer wieder komme ich mir wie ein kleines Kind vor. Und immer und immer wieder sage ich mir: Egal, macht nichts.*

14
Sicheres Auftreten
bei völliger Ahnungslosigkeit

Man stelle sich vor: Vater, Mutter, Kinder sitzen zum Abendessen, um den Tisch herum, die Mädchen auffallend schrill gekleidet, auf dem Fußboden liegt noch das Memory-Spiel ausgebreitet, bei dem Sara ihren Papa mal wieder an die Wand gespielt hat. Und da überrascht der Mann, der den ganzen Tag mit Ach und Krach und viel gutem Willen zwei kleine Mädchen gebändigt und den Haushalt gewuppt bekommt, seine Frau mit der Ansage, dass er ab jetzt arbeiten will.

Ute Theo stochert nachdenklich auf seinem Teller herum. Dann beginnt er, seine neuesten Pläne mit mir zu teilen: „Es wäre besser, du könntest bei den Kindern sein und ich würde arbeiten. Ich werde versuchen, einen Job zu bekommen. Ist doch egal, was ich mache, Hausmeister oder so." Er weiß noch nicht genau, was er eigentlich machen will, aber er ist fest entschlossen, dass er wieder arbeiten wird. Und ich bin erst mal platt. Was soll ich sagen? Ja, es ist ein gutes Zeichen, dass er wieder Pläne macht, dass er ein Ziel hat. Aber wie soll er im Beruf zurechtkommen? Welcher Arbeitgeber lässt sich darauf ein, dass es die Ausnahme ist, wenn etwas klappt? Welcher Chef ist bereit zu tolerieren, dass sein Mitarbeiter ständig alles vergisst? Denn Theo beherrscht es meisterhaft, missliche Situationen, die durch sein Vergessen entstanden sind, mit Witz und Ironie zu überspielen. Aber früher oder später sind die Probleme vorprogrammiert.

Er verpackt seine Vergesslichkeit wie Überraschungspäckchen, schlägt sie in farbenfrohes Papier, verpasst dem Ganzen ein Schleifchen und präsentiert es mir. Das wird ein wiederkehrendes Muster. Einmal müssen wir eine Urlaubsfahrt verschieben, weil Theo sich nicht, wie verabredet, ums Auto gekümmert hat. Als es ihm einfällt, ist es zu spät, in der Werkstatt heißt es, man brauche zwei Tage für die Reparatur. Theos – wie immer origineller – Kommentar: „Das ist jetzt zwar dumm gelaufen, aber andererseits kannst du jetzt wenigstens in Ruhe packen." Was soll man darauf antworten?

Für Theos berufliche Zukunft hat ein Freund der Familie den entscheidenden Tipp. Er selbst hat nach einem Verkehrsunfall etliche körperliche Einschränkungen und deshalb einen Schwerbehindertenausweis. Ein Dokument, das es ihm ermöglicht, im geschützten Rahmen wieder in den Beruf einzusteigen. Genau das, was Theo braucht. Doch der geht zunächst auf Abwehr. Er will nicht von der Gesellschaft als behindert abgeschrieben werden. Dann, so seine Angst, nimmt ihn ja keiner mehr für voll. Theo will es ohne fremde Hilfe schaffen und kümmert sich beim Arbeitsamt um eine Fortbildung zum Informationselektroniker.

Es wird ein Desaster: die tägliche Anfahrt, der Lernstoff, einfach alles.

Theo *Der Lehrgang ist nur mit Bus und Bahn zu erreichen. Ich bin fast immer pünktlich. Die Fahrten sind schon ein Abenteuer. Wenn plötzlich ein Zug am Bahnsteig steht, weiß ich nicht, von wo er gekommen ist und in welche Richtung er weiterfährt. Die Lautsprecherdurchsage verstehe ich selten ganz, das geht mir zu schnell. Der Busfahrplan am Umsteigebahnhof ist für mich nicht zu entziffern. Zum Glück nehmen mich schließlich zwei Männer aus dem Kurs mit dem Auto mit.*

Wie ich Aufgaben mit einem Taschenrechner lösen kann, hat sich offenbar in meinem Langzeitgedächtnis verankert. Das geht noch.

Nur vergesse ich immer sofort, welche Ziffern ich gerade weshalb eingegeben habe. Rechnen wird für mich zu einem Glücksspiel. Wenn ich dann auch noch elektrotechnische Versuche aufbauen und die entsprechenden Messwerte ermitteln soll, droht mein Kopf zu platzen. Manchmal ist der Wust an Kabeln, Bauteilen und Geräten, die auf dem Tisch vor mir liegen, einfach zu unübersichtlich. Ich falle durch die Prüfung. Nach der Erfahrung, dass ich nicht in der Lage bin, einen schlichten Elektroniklehrgang zu bestehen, wird mir klar: Ich bin wohl doch etwas behindert, als ich bisher dachte.

Eigentlich ist dies ein Erlebnis, das ihn völlig aus der Bahn werfen müsste. Schließlich hat er nach zwei Jahren erstmals den Schutzraum Familie verlassen und ist in der normalen Arbeitswelt prompt durchgefallen. Doch – und auch das ist Teil von Theos Heilungsgeschichte – sein Wille, wieder zu arbeiten, ist in den letzten Jahren so übermächtig geworden, dass er nun ganz zielorientiert weitermacht. Er geht zu seinem Hausarzt und beantragt den Schwerbehindertenausweis. Damit lässt Theo zu, dass seine unsichtbare Behinderung zu einer offiziellen wird.

Das neue Dokument wird prompt zum Türöffner. Bereits die erste Bewerbung bei der Deutschen Post ist erfolgreich und Theo bekommt eine Stelle beim Fernmeldeamt, wo er einst die Ausbildung zum Fernmeldehandwerker gemacht hat. Er wird im nichttechnischen Dienst eingestellt, muss allerdings einige Lehrgänge absolvieren, von denen seine weitere Laufbahn abhängt. Immerhin, die Arbeit ist in Höxter, nur die Lehrgänge finden außerhalb statt.

Theo *Ich stehe das erste Mal in einem Großraumbüro. Wannen voller Karteikarten stehen herum und hier sind ziemlich viele Leute. Ich soll auf den Karten die Leitungswege der Telefonkunden berichtigen. Das kann ich. Und es macht mir vom ersten Tag an Spaß. Wenn ich meinen Kolleginnen, meist jungen Frauen, immer wieder* *die gleichen Fragen stelle, gucken sie mich zwar erstaunt an, aber sie sind freundlich zu mir.*

Dann kommt ein Lehrgang in Bielefeld. Von montags bis freitags habe ich dort ein Zimmer. Jeden Tag muss ich mit der Straßenbahn zum Lehrgang fahren, jeden Tag frage ich mich, wo ich aussteigen muss, um zu dem Gebäude zu kommen, wo alles stattfindet. Ich kann mir die Reihenfolge der Stationen einfach nicht merken. Als ich am Abend vor dem ersten Test den Stoff lernen will, stelle ich fest, dass ich gar nicht lernen kann. Es geht nicht, die einfachsten Begriffe wollen nicht in meinen Kopf. Erst werde ich panisch, dann wütend. Ich will diesen Lehrgang bestehen und ich schaffe die Prüfung. Schlechter als die anderen, aber das ist egal. Und muss meinen kleinen Töchtern nicht erzählen, dass ich nicht mal einen Test bestehen kann.

Es ist das Frühjahr 1987, fünf Jahre nach Theos Gehirnblutung. Jetzt gehen Ute und Theo beide arbeiten, die Omas springen bei der Kinderversorgung ein. Für Ute und Theo eine Zäsur.

Ute   *Das Leben fühlt sich auf einmal so neu an. Theos ganze Erscheinung hat enorm an Selbstbewusstsein gewonnen. Frage ich ihn, ob es ihm nicht zu viel wird mit der Arbeit, antwortet er stets: „Ist alles Gedächtnistraining." Mal berichtet er lebhaft, was er erlebt hat, dann gibt es wieder Phasen, in denen er sich zurückzieht und partout nicht reden will. Dann lebt er still neben uns her.*

Wie dieser Mann, dem ich morgens Aktentasche und alle Sachen zurechtlege, tagsüber zurechtkommt, ist mir ein Rätsel. Gelegentlich lässt er durchblicken, dass er ziemlich simple Aufgaben zu erledigen hat, auch wenn sie seinem Gedächtnis alles abverlangen.

Ich mache mir gar keine Gedanken mehr darüber, was Theos Handicap ist, sondern habe mir angewöhnt, einfach für ihn mitzudenken, erinnere ihn, mache Zettel, telefoniere hinter ihm her, damit er bloß keine Termine versäumt. Ich bin seine externe Festplatte. Merken seine Kollegen eigentlich gar nichts?

Glück für Theo: Bei der Arbeit ist er vorwiegend mit Frauen zusammen, die den großen stillen Mann gern ein bisschen bemuttern. Macht er einen Lehrgang in einer anderen Stadt, finden sich dort umgehend mindestens zwei, drei Damen, die sich um ihn kümmern. Sie beantworten ihm im Unterricht geduldig die immer gleichen Fragen, nehmen ihn abends auf ein Bier mit oder verabreden sich mit ihm allmorgendlich zum Frühstück. Und bei den Weihnachtsfeiern reißen sie sich um den wehrlosen Mann, der vor lauter Angeboten nicht mehr von der Tanzfläche kommt.

In Detmold, wohin Theo später versetzt wird, arbeitet ihn eine junge Frau ein, Tanja. Schon bald sind Tanja und Theo nur noch im Doppelpack anzutreffen, sie sitzen im gleichen Raum und gehen gemeinsam in die Kantine. Gibt es im Kollegenkreis etwas zu feiern, tauchen die beiden gemeinsam auf. Das sorgt für freundlichen Spott: „Tanja, wo ist denn dein Schatten?" Die beiden sind ein gutes Team, denn Tanja nimmt Theo für voll, auch wenn sie merkt, dass er oft nicht bei der Sache ist: Wenn sie ihm etwas erklärt und er mal wieder nicht adäquat reagiert, sagt sie gespielt empört: „Mensch, Theo, du hast mir ja gar nicht zugehört." Und sie ärgert ihn auch mal mit Testfragen: „Was habe ich gerade gesagt, Theo?" Das ist genau die Tonlage, mit der Theo gut umgehen kann. Bloß nicht zu viel Mitleid. Einmal erzählt er zwei Kolleginnen, mit denen er jeden Morgen in einem Stehcafé frühstückt, dass er vor Jahren nach einer Gehirnblutung im Koma lag, und fügt schnell hinzu: „Aber keine Angst, ich bin völlig normal." Das ist er, der Theo-Humor. So schafft er es, völlig entspannt rüberzukommen und immer überlegener zu wirken als er eigentlich ist. Denn tatsächlich ist ihm klar, dass er seine Aufgabe nur unzureichend erfüllt.

Theo   Eigentlich bin ich gar nicht in der Lage zu arbeiten. Ständig mache ich blöde Fehler. Aber die Kollegen sind rücksichtsvoll mir gegenüber und regen sich nicht auf, auch wenn ich merke, dass sie über mich reden. Manchmal tun mir meine Ausbilder leid, weil ich sie ständig das Gleiche frage. Aber ich weiß auch: Mein bestes Training ist das normale Leben.

Im Beschwerdewesen, wo Theo zwischenzeitlich landet, witzelt ein Kollege mal gegenüber Theo, wie man gegenüber Kunden auftreten solle: „Immer dran denken: Sicheres Auftreten bei völliger Ahnungslosigkeit." Kaum einer ahnt, dass dieser Spruch für Theo die Überlebensmaxime ist. Jahre später, als er längst wieder gesund ist, erzählt Theo einem Kollegen von damals, was für ein Stochern im Nebel sein damaliger Berufsalltag war. Der ist überrascht: „Das wusste ich ja gar nicht, ich habe immer gedacht, du bist einfach ein komischer Kauz."

Ute *Während seines ersten Lehrgangs ist mit Theo zu Hause nichts mehr los. Er kommt freitagabends völlig entkräftet nach Hause, klinkt sich aus dem Familienleben aus, liegt auf dem Sofa und starrt vor sich hin. Eigentlich ist es aussichtslos. Und doch besteht er den Lehrgang, offenbar auch, weil er einen Teil des Stoffs schon in seiner Ausbildung zum Fernmeldehandwerker vor acht Jahren gelernt hatte. Nach der letzten Prüfung ruft er mich sogar noch von unterwegs an und sagt in seiner Euphorie ganz unverblümt: „Das ist so ein Wunder, weißt du, eigentlich ist mein Gehirn doch wie ein Sieb. Alles, was ich versuche zu behalten, fällt einfach durch." – „Ja, Theo, das ist es, ein großes Wunder! So viele Spickzettel kann man doch gar nicht machen, oder?" Wir müssen lachen. „Darauf stoßen wir an, wenn ich zurück bin!", sagt er. „Ja, das machen wir!"*

15
Alleinerziehend mit Mann

Vorschau ins Jahr 2014: Theo und Ute verbringen ein Wochenende in Hamburg. Letzte Arbeiten an diesem Buch. Immer wieder kommt die Frage auf, wie man sich so ein Leben ohne Kurzzeitgedächtnis genau vorstellen muss. Was ist denn jetzt, nachdem er geheilt ist, anders? Theo schaut in die Runde und sagt: „Alles. Alles ist anders. Ich weiß zum Beispiel, dass dieses Latte-Macchiato-Glas meines ist. Ich weiß, dass Ute und ich vorhin im Hotel gefrühstückt haben, wie wir dann in dieses Café gelaufen sind und dass wir nachher zurück nach Paderborn fahren. Früher hätte ich nicht gewusst: Wie bin ich hierhergekommen, warum bin ich hier, welches Glas ist meines, habe ich Bier oder Wein bestellt? Und das Schlimmste: Wie komme ich zur Restauranttoilette und finde danach nicht nur unseren Tisch wieder, sondern auch meinen Platz?"

Unvorstellbar, ein solches Leben voller kleinster alltäglicher Unwägbarkeiten zu führen. Und ganz erstaunlich, dass Theo sich im Laufe der Jahre durch Hunderte solcher Situationen durchlaviert hat.

1986, kurz nachdem er wieder zu arbeiten beginnt, hat Theo zwar nicht mehr seinen anfänglichen Mondgang drauf, aber sein Leben gleicht dennoch einem Schweben im schwerelosen Raum. Kurzes Andocken und dann ziellos weiterschweben. Eine Ansammlung von Einzelepisoden. Mit ein paar wenigen Konstanten, die sich verankert haben. Den Weg nach Hause findet er immer wieder. Aber das, was um ihn herum passiert, ist stets schneller als er selbst.

Theo Das Leben zieht mit rasender Geschwindigkeit an mir vorbei.
Wie ein Zug, der am Bahnsteig vorbeirast ohne anzuhalten und mir
die Chance zu geben, einzusteigen.

Sara und Delia werden größer, wachsen vom Kleinkind zum Schul-
kind heran, aber ich nehme ihre Entwicklung wie in einem Zeitraffer
wahr. Plötzlich kann Delia laufen, plötzlich ist Sara ein Schulkind.
Alles läuft an mir vorbei, obwohl das Koma schon so lange her ist.

Tatsächlich ist es ein ordentliches Pensum, das Theo in den
nächsten fünf Jahren absolviert. Bis zu seiner Zulassung als
Verwaltungsbeamter reihen sich immer neue Fortbildungen
an Arbeitsphasen in unterschiedlichsten Abteilungen der heutigen Telekom. Oft verbunden mit Städtewechseln, mal Müns-
ter, mal Bielefeld. Neuen Gruppen, zahlreiche Bahnreisen,
Übernachtungen in verschiedenen Hotels, unbekannte Ta-
gungsräume und ständig neuer Lernstoff.

Ute hat zwar nicht das Gefühl, das Leben ziehe rasend an ihr
vorbei, aber sie fühlt sich dennoch manchmal abgehängt vom
Leben der anderen.

Ute Während wir froh sein können, dass Theo endlich Arbeit hat,
rauschen Freunde und Bekannte unseres Alters in Höchstgeschwin-
digkeit an uns vorbei: beenden ihr Studium, verdienen richtig Geld
und bauen ein Haus. Mit diesem Tempo können wir nicht mithalten.
Für uns ist es ja schon ein Wunder, dass wir überhaupt als Familie zu-
sammenleben, und manchmal ist es sogar so, dass ich Theos Handi-
cap gar nicht mehr richtig wahrnehme.

Welche ungeheure Fahrt ihr eigenes Leben trotz eingeschränk-
ter Möglichkeiten aufgenommen hat, registrieren Ute und
Theo überhaupt nicht so richtig. Hätten sie sich im Mai 1982
vorstellen können, fünf Jahre später zwei Kinder zu haben, beide arbeiten zu gehen und gemeinsam mit ihrer Familie Urlaub
auf Ibiza zu machen?

Kleinfamilienglück in der ersten eigenen Wohnung: Ute, Theo und Sara Jäger, Ende 1981, jung und erwartungsvoll. Ein halbes Jahr später fällt Theo nach einer Gehirnblutung ins Koma.

Trügerische Familienaufstellung: Theo scheint lässig den Arm auf Utes Schulter zu legen; tatsächlich hält er sich fest, um nicht umzufallen. Er hat noch immer seinen Mondgang. Entstanden ist das Bild im Spätsommer 1982 an einem der ersten Wochenenden, die Theo wieder zu Hause verbringen darf.

Rechte Seite:
Verliebter Blick: Ute im Sommer 1981 mit Sara. Das Foto hat Theo aufgenommen. Frau und Tochter sind seine Lieblingsmotive. Nach der Gehirnblutung wird er seine Kamera jahrelang nicht nutzen.

Sara, Ute und Delia, August 1985

Sara, Delia und Theo, Mai 1988

Theo, Sara und Delia, 1986

1988: Timna ist da!

Ute mit Sara und Delia, 1984

Statt Sofa: Theo und die Mädchen im Campingurlaub in Venetien, 1996. Ute hat extra einen bequemen Klappstuhl mit Auflage besorgt, damit Theo auch unterwegs einen Rückzugsort hat.

Wieder auf Augenhöhe: Ute und Theo, 2014. Theo hat seit sieben Jahren sein Kurzzeitgedächtnis wieder. Nach 25 Jahren in getrennten Welten entdeckt sich das Ehepaar jetzt, in seinen Fünfzigern, neu.

Theo und Ute Jäger, 2014

Was immer möglich ist, Ute und Theo wollen teilhaben am Berufs-, Nachbarschafts- und Gemeindeleben, sie sind mittendrin. Der erste große Urlaub nach Theos Gehirnschlag, den sie im Frühjahr 1987 auf Ibiza verbringen, bestärkt sie darin, so weiterzumachen. Blühende Mandel- und Zitronenbäume, blauer Himmel und blaues Meer. Wunderbar. Dieses Lebensgefühl beflügelt sie.

Ute Das Ferienhaus liegt etwas abseits, wir müssen zum Einkaufen mit dem Fahrrad ein paar Kilometer über sanfte, bewaldete Hügel in das nächste Dörfchen fahren. Eine erholsame Stille liegt zu dieser Zeit noch über diesem Teil der Insel. Wie lange hat sich das Leben nicht mehr so leicht angefühlt! Ich habe in den letzten fünf Jahren ganz vergessen, wie das ist. Theo und ich reden hier viel mehr als üblich miteinander. Auch über weitere Kinder. Die Vernunft sagt mir: „Es ist genug!" Doch mein Herz schlägt für ein drittes Kind. Theo geht es genauso. Im Herbst bin ich schwanger. Gleich ist mir klar: Jetzt höre ich auf zu arbeiten und kümmere mich ausschließlich um meine Familie. Was für eine schöne Aussicht!

Bis die dritte Jäger-Tochter da ist, vergeht ein sorgenreiches Dreivierteljahr. In der 20. Schwangerschaftswoche stellen die Ärzte fest, dass Ute zu viel Fruchtwasser hat. Sie befürchten, dass das Kind zu früh oder mit einer Behinderung auf die Welt kommt. Es gibt zusätzliche Untersuchungen und nicht ungefährliche Punktionen. Bei einer greift der Embryo nach der eingedrungenen Nadel und hält sie fest. Das Team bricht den Eingriff sofort ab. Es ist eine nervenzehrende Zeit, in der Theo das erste Mal seit Langem wieder seine fürsorgliche Seite zeigt. Kommt er abends nach Hause, fragt er Ute immer erst einmal, wie es ihr geht. Ein Novum.

Als Timna im Juni 1988 gesund zur Welt kommt, erfasst Ute noch mal das Unglaubliche, das ihnen widerfahren ist: Einer von 10 000 Menschen überlebt eine solch massive

Gehirnblutung, wie Theo sie hatte. Die Chance, dass er wieder aufwacht, war so klein. Wie gering war dann erst die Wahrscheinlichkeit, dass er noch zwei weitere gesunde Kinder bekommt? Und wie groß das Wunder? Aufsehen erregt in diesen Tagen allerdings ein anderes Ereignis. Um Timnas Geburt zu feiern, geht Theo mit Sara und Delia in den Zirkus. Tags drauf kommt er mit zwei empörten kleinen Mädchen ins Krankenhaus, die ihrer Mama einen Zeitungsausschnitt überreichen. Ein kurzer Artikel nur, aber ein großes Foto: Theo sitzt mitten in der Manege, ein Elefant rasiert ihn mit einem überdimensional großen Pinsel.

Ute *Delia ist sauer: „Das war total doof! Ich musste sogar weinen!" Sie ist kurz davor, wieder in Tränen auszubrechen, als sie sich daran erinnert, welche Angst sie um ihren Papa gehabt hat. „Aber Ann-Katrins Mutter war auch da und hat Delia getröstet", erklärt Sara ihrer Mutter. Aber Delia will sich nicht beruhigen, ihr Kopf ist hochrot, die feinen, strohblonden Haare kleben auf der schweißnassen Haut, ihre großen Augen sind weit aufgerissen und schauen mich ärgerlich an. „Mama, hat Papa vergessen, dass wir dabei waren? Wieso ist er dahin gegangen? Er hätte doch sagen können, das geht nicht, ich muss bei meinen Kindern bleiben!" So aufgebracht habe ich das Papa-Kind noch nicht erlebt.*

Die Begebenheit im Zirkus kann natürlich jedem passieren. Man wird überrumpelt von einem aufdringlichen Animateur, will kein Spielverderber sein und ärgert sich erst hinterher, dass man sich hat lächerlich machen lassen. Für Theo ging das alles viel zu schnell; er war nicht in der Lage, Nein zu sagen. Weil er die Situation nicht überblicken konnte, weil er nicht wusste, was ihn erwartet und weil er nicht über die Konsequenz nachdenken konnte, jedenfalls nicht so schnell. Selbst das Vergessen, das in diesem Fall doch mal ganz angenehm sein könnte, hilft ihm nach diesem peinlichen Auftritt nicht. Als er wieder zur Arbeit kommt, grinsen die Kollegen. „Ah, da isser ja!" Jeder in Höxter hat das Bild in der Zeitung gesehen.

In Ute rührt dieses groteske Foto außerdem noch an einer alten Wunde: Das Handtuch, das der Elefantendompteur Theo umgehängt hat, erinnert sie an das Riesenlätzchen in der Reha. Die Art, wie Theo unverständig schaut, ebenso. Sie hat so gekämpft, ihren Theo wieder ins Leben zurückzuholen, und dann kommt ein Clown daher und entwürdigt ihn derart. Gerade jetzt, nach der Geburt ihres dritten Kindes, wo sie den starken Arm ihres Mannes viel dringender braucht als sonst. Doch der starke Arm, den Theo während Utes dritter Schwangerschaft zeitweise anbieten konnte, ist nicht verlässlich. Äußerlich ist die Ordnung hergestellt: Theo ist jetzt der Ernährer, und es tut seinem Selbstbewusstsein sichtlich gut, wieder einem gesellschaftlich akzeptierten Beruf nachzugehen. Tatsächlich jedoch bleibt Ute die Steuerfrau in der Familie.

Ute   Das Vergessen ist es, das seine guten Vorsätze und unsere Absprachen über Bord wirft. Sie sind einfach weg, aus seinem Kopf verschwunden, als wären sie nie da gewesen. Das sehe ich an seinem Blick. Er kann sich dann wirklich nicht erinnern. Wenn ich aufzählen würde, was alles nicht funktioniert, wenn Vergesslichkeit so viel Raum hat wie in unserem Alltag, dann käme ich mir sehr schlecht vor. Als würde ich Theo vorhalten, was er alles falsch gemacht hat. Dabei kann er ja nichts dafür.

Einmal, wir sind gerade in ein größeres Haus gezogen, wird uns das Telefon abgestellt, weil Theo vergessen hat, den Dauerauftrag zu ändern. Da kann ich nicht an mich halten und schimpfe. „Es kann doch nicht so schwer sein, einfach mal nachzufragen, wenn du dir nicht sicher bist!" Schon während ich das sage, wird mir klar, wie unsinnig das ist, was ich von ihm verlange. Wenn er sich nicht erinnert, dass wir etwas besprochen haben, wie soll er dann unsicher sein, worum es ging?

Gleichzeitig gibt es Phasen, in denen sich unser Leben so herrlich normal anfühlt. Ich genieße es, endlich mal nur Hausfrau und Mutter sein zu können, schließlich war ich jahrelang zerrissen zwischen Arbeit und Familie. Mit Begeisterung stürze ich mich darauf, mit neuen Rezepten zu experimentieren. Theo macht sich gern über die neuartigen Frischkorn-Gerichte lustig: „Kinder, genießt das Essen, das gibt es nicht noch einmal!" Das sind die Momente, in denen ich meinen alten Theo in ihm erkenne.

Das Dilemma bleibt: Theo tut es gut, wenn er gefordert wird. Doch je mehr Lebensbereiche er sich zurückerobert, desto größer ist die Gefahr, dass er überfordert ist und das Leben für die ganze Familie zum heillosen Chaos macht.

Ute *Theo hat beschlossen, am Sonntag in der Gemeinde zu predigen. Schön. Doch für mich bedeutet das: Dienstags fange ich an mich zu fragen, ob er sich schon Gedanken über ein Thema gemacht hat. Denkt er überhaupt schon an nächsten Sonntag? Er meldet sich freiwillig oder lässt sich für Aufgaben einteilen, ohne auch nur eine Sekunde darüber nachzudenken, ob er überhaupt Zeit hat und die Aufgabe bewältigen kann. Dass wir als Familie auch Termine haben, ist nicht in seinem Kopf. Oft vergisst er dann aber auch Verabredungen und enttäuscht damit andere, nicht nur uns als Familie. Wie gut für ihn, dass er durch seine ruhige und charmante Art bei so vielen Menschen auf Gunst trifft. Man kann ihm einfach nicht böse sein.*

Ein anderes Mal holt Theo einige Tage vor dem Urlaub Geld von der Bank. Als er zu Hause ankommt, wir warten mit gepacktem Auto, ist es verschwunden. 300 Mark einfach weg! Und keine Idee, was passiert sein könnte. Der Schock steht uns beiden in solchen Momente ins Gesicht geschrieben. Ich fühle dann nicht nur meine, sondern auch sehr stark seine Ohnmacht. Jeder versucht, es vor dem anderen zu verbergen, um den anderen nicht noch mehr zu belasten oder zu beschämen. Vor den Kindern bleibt dieser Vorfall nicht verborgen und sie können es einfach nicht fassen, dass dem Papa – einem Erwachsenen (!) – so etwas passieren kann. Wo wir sie doch immer dazu angeleitet haben, sorgsam mit Geld umzugehen.

Gelegentlich erkläre ich anderen, dass Theo seit dem Koma ein unvollkommenes Gedächtnis hat, habe aber den Eindruck, sie verstehen nicht annähernd, was das bedeutet. Er wirkt so stark und gesund. Was sich jedoch in seinem Kopf abspielt, kann sich kaum jemand vorstellen. Mich hingegen nehmen sie als bevormundend wahr. Einmal werde ich gefragt, warum ich überhaupt Kinder bekommen habe, ich hätte doch auch das Zeug zu einer Karrierefrau.

Timna ist noch im Säuglingsalter, da erfahre ich durch Zufall, dass Theo nun auch die Kindergottesdienste in der Gemeinde übernehmen will. Alle sind begeistert von seiner Idee. Ich sitze da, versuche mich mitzufreuen, fühle mich aber wie angeschossen. Wieder hat er seine Pläne vorher nicht mit mir besprochen. Offenbar ist es so, dass es tatsächlich von seiner Seite nichts zu erzählen gibt, wenn er nach Hause kommt. Irgendwann, zeitverzögert vielleicht – aber dann sind es Dinge, die ihn gerade persönlich bewegen, aber garantiert nichts Organisatorisches. Da ich stille, geht Theo derzeit zu den Elternabenden in Schule und Kindergarten. Sein Standardsatz, wenn er zurückkommt: „Och, war eigentlich nichts Wichtiges ..."

Dass er die Kindergottesdienste übernehmen will, lässt mir keine Ruhe: Wie soll er eine so schwer zu bändigende Truppe kleiner Wilder unter Kontrolle bekommen? Wie will er sich überhaupt bemerkbar machen mit seiner immer noch extrem leisen Stimme? Ich versuche, mit Vertrauten in der Gemeinde zu sprechen, doch sie raten mir, Theo einfach machen zu lassen. Warum soll er seine Entscheidung nicht eigenverantwortlich treffen? Der Blick dabei verrät mir, was sie denken: Weshalb mischt sie sich überhaupt in Theos Angelegenheiten ein?

Warum überschätzen ihn alle? Oder liege ich falsch? Nur einmal bekomme ich Unterstützung, ausgerechnet von einem Fremden. Er ist Gastreferent in unserer Gemeinde und sagt mir, ohne dass ich ihm mein Leid geklagt habe: „Ute, achte darauf, dass sich Theo nicht zu

viel zumutet!" Aber es ist vertrackt. Wenn ich ihn in all seinen Plä-
nen unterstützen will, muss ich ihn an seine Aufgaben und Termine
erinnern. Immer wieder erkläre ich ihm, dass auch Gesunde einen
Kalender führen und To-do-Listen schreiben. Tatsächlich besorgt sich
Theo einen Kalender, aber dann vergisst er ihn mitzunehmen – und
wenn er ihn bei sich hat, vergisst er, etwas einzutragen. Und wie soll
der Kalender ihn erinnern, wenn Theo nicht hineinschaut? Mir wird
aber auch klar, dass er sich für seine Vergesslichkeit schämt und mich
deshalb oft nicht bitten mag, dass ich ihn an etwas erinnere.

Zwar ist Theo wieder aktiver, müde ist er dennoch permanent.
Wann immer es geht und selbst wenn es unpassend ist, setzt er
sich mitten am Tag aufs Sofa und schaltet ab.

Klassiker am Samstagmorgen: Die Familie sitzt am Frühstückstisch, Ute erzählt, was für heute geplant ist: Nachmittags
kommt Besuch, also soll Sara saugen, Timna ihr Zimmer aufräumen, Delia Kuchen backen helfen und Theo bitte noch zwei
Kisten mit Mineralwasser kaufen. Alle wuseln durcheinander,
erfüllen ihre Aufgaben. Wenig später findet Ute ihren Mann
schlafend auf dem Sofa. Er weiß längst nicht mehr, dass heute
Samstag ist, am Nachmittag Besuch kommt und er die Kästen
holen sollte.

Ute   *Theos Selbstbewusstsein leidet darunter, seine Aufgaben oft*
nicht erledigen zu können. Er ist unsicher und scheu. Ich mag ihn
nicht ständig mit Fragen bombardieren, ob er dieses oder jenes er-
ledigt hat. Versuche ruhig damit umzugehen, wenn er Arzttermine
verpasst, Verabredungen ausfallen lässt, den Einkauf vergisst oder
sich nicht um die Reparatur unseres Autos kümmert. Es sind diese
unzähligen alltäglichen Kleinigkeiten, die für uns doppelt aufwen-
dig und anstrengend sind. Wann immer ich mit Freundinnen darü-
ber reden will, höre ich das Gleiche: Sie alle stöhnen, wie desinte-
ressiert und lethargisch ihre Männer gegenüber dem Familienalltag
sind und wie oft sie sie erinnern und motivieren müssen, sich um

Dinge zu kümmern. Offenbar wirken wir auf andere wie eine ganz normale Familie. Und wir leben wie andere Familien auch. Ist der Unterschied am Ende gar nicht so groß?

Dabei gibt es durchaus Gerede, das merkt Ute immer wieder. Noch so ein Klassiker aus jener Zeit: Ute steht mit Nachbarinnen zusammen auf dem Gehweg. Munteres Getratsche über dies und das. Theo kommt von der Arbeit und geht grußlos an den Frauen vorbei. „War das nicht gerade Ihr Mann?", heißt es dann. Peinlich. Ute überspielt es dann. Wenn sie sich einen Moment später verabschiedet, weiß sie zuverlässig: Jetzt haben die Jägers mal wieder für Gesprächsstoff gesorgt. Und wenn sie Theo darauf zu Hause anspricht, sagt der nur verwundert: „Ach, du hast da gestanden!" So fühlt sich Einsamkeit an.

Dabei ist es weiterhin nicht so, dass Theo ersichtlich behindert ist, trotz seines Schwerbehindertenausweises. Die Leute sehen in ihm einen ruhigen, freundlichen, vielleicht manchmal etwas langsamen Typen. Einer, der keinen stört.

Bettina Bieritz, eine Freundin der Jägers, reflektiert diese Zeit in der Rückschau so: *Das Erste, was mir an Ute und Theo auffiel, war ihr Größenunterschied. Wie viele Unterschiede sie im Alltag auszugleichen hatten, ist mir erst im Laufe der Jahre klar geworden. Ute immer quirlig, interessiert und engagiert – offensichtlich der Motor der Familie. Theo ruhig, humorvoll, zurückhaltend und sehr schnell müde. Dazwischen drei muntere Mädchen. Ich wusste anfangs nur, dass Theo eine Gehirnblutung hatte und vieles neu erlernen musste. Aber es gab schon Situationen, in denen klar wurde, dass irgendetwas aus dem Lot geraten war. Beim Autofahren zum Beispiel war Ute ein lebendiges Navigationsgerät. Wenn sie mal nicht aufpasste, weil wir ins Gespräch vertieft waren, verfuhr sich Theo garantiert. Saßen wir in größerer Runde zusammen, schlief Theo oft spontan ein, egal wie laut es um ihn herum war.*

Theo hatte die Angewohnheit, bei der Predigt in der Gemeinde Psalmen auswendig aufzusagen. Ich musste dann immer an ein

Kind denken, das ganz stolz unterm Tannenbaum ein Gedicht vorträgt. Wir grinsten wohl alle ein bisschen und witzelten: „Nächstes Mal bitte Psalm 119!", den ganz langen also. Niemandem von uns war klar, wie viel Gedächtnisleistung ihn das gekostet hatte und wie stolz er tatsächlich auf sich sein konnte.

Ute versuchte andauernd auszugleichen oder Lücken zu schließen, aber es wurde nie so recht deutlich, dass Theo tatsächlich nicht in der Lage war, bestimmte Dinge zu meistern oder sich zu erinnern, was besprochen war. Er wirkte eher tiefenentspannt. In der Gemeinde dachten wir, Theo nimmt manche Dinge einfach nicht so genau – und Ute hingegen nimmt sie zu genau.

Nach einem Gottesdienst bekam dieses Bild allerdings einen tiefen Riss. Plötzlich brach die Enttäuschung aus Ute heraus. „Das ist nicht mehr der Mann, den ich mal geheiratet habe!", weinte sie. Mir wurde klar, wie sehr sie sich nach einem starken Partner sehnte und welche Kraft sie täglich zusätzlich aufwenden musste, um die Familie am Laufen zu halten. Ich bewunderte ihre Energie nun noch mehr und hätte Theo gern mehr als einmal in das sprichwörtliche Hinterteil getreten. Andererseits strahlte Theo so viel Gutmütigkeit aus. Er war es auch, der einmal vor meiner Tür stand, als jemand üble Gerüchte über mich in Umlauf gebracht hatte. Mit einer Blume in der Hand bat er mich im Namen einiger Freunde, weiter in der Gemeinde zu bleiben. Bei aller Langsamkeit hatte Theo einen ganz klaren inneren Kompass, was richtig und anständig ist. Er sagte mir einmal, wie dankbar er sei, dass Ute ihn nach dem Koma wieder mit nach Hause genommen hatte. Das hat mich sehr berührt.

16
Von Gummibooten, Campingplätzen und Sofas

Ein quietschgelbes Schlauchboot steht mitten im Gottesdienst-
raum, zwei Frauen – eine groß, eine klein – sitzen kostümiert
auf den Rändern und singen aus vollem Halse: „Ein Schiff, das
sich Gemeinde nennt ..." Wenn es darum geht, Schwung in den
Alltag zu bringen, laufen Ute und ihre Freundin Bettina zu großer Form auf. Man könnte sie als Kreativmotor bezeichnen, der
Glaubensfragen gemeinsam mit der Gemeinde mal auf andere
Weise bearbeiten will. Theaterstücke, Mitmachspiele, Straßen-
Performances stellen sie auf die Beine – laut, schrill und höchst
vergnüglich für die beiden. Wochenlang proben sie, werkeln
hingebungsvoll an Requisiten und übertreffen einander gegen-
seitig mit originellen Einfällen. Manchmal treffen sie sich bei
Ute zu Hause, dann dröhnt das Wohnzimmer von den Lachsalven der beiden unterschiedlichen Frauen: Die eine sonst eher
still und klar, die andere extrovertiert und raumgreifend. Auf
der Bühne jedoch gehen beide derart in ihren Rollen auf, dass
es die Zuschauer von den Stühlen reißt und Passanten auf der
Straße stehen bleiben. Jedes Projekt ist ein großer Spaß, einmal
backen sie für eine Werbe-Aktion 600 Schweinchenkekse. In
solchen Momenten packt Ute der Perfektionismus und die Lust
am Gelingen. Lauter Jugendliche aus der Gemeinde bevölkern
ihre Küche und verzieren das Gebäck mit rosa Guss. Ein wun-
derbares Vergnügen – und das Ventil, das Ute braucht in ihrem
sonst so disziplinierten Alltag.

Auf der Bühne ist sie nicht der strenge Zeremonienmeister wie zu Hause, wo die Mädchen wissen: Mama hat das Kommando. Aber nicht immer wollen sie darauf hören. Referiert Ute am Mittagstisch, wie der Tag weitergeht – Timna Querflöte, Sara Mathe üben, Delia Hamsterkäfig putzen –, kommt es schon mal vor, dass die Mädchen weiterkichern und nicht zuhören, während Theo längst im Sitzen eingeschlafen ist. Dann könnte Ute explodieren. Tut es aber nicht: Die Mädchen wären vielleicht kurzzeitig beeindruckt, aber Theo kann einfach nicht anders. Manchmal beschleicht Ute allerdings auch der Verdacht, Theo verstecke sich hinter seiner Behinderung. Warum er manches behält und anderes nicht, ist nicht logisch zu begründen. Der eigene Antrieb muss eine Rolle spielen.

Silvester 1995 wollen die Jägers mit Freunden in Dänemark feiern. Kurz vor Weihnachten beichtet Theo, dass er vergessen hat, rechtzeitig seinen Urlaub zu beantragen. Nun muss er zwischen den Feiertagen arbeiten. Auf keinen Fall soll Ute den Urlaub absagen, sondern mit den Mädchen vorfahren. Er will mit dem Zug nachkommen. Immerhin fährt er mittlerweile täglich mit dem Zug zur Arbeit und ist routinierter Bahnfahrer geworden.

Am 30. Dezember macht sich Theo nach seinem Dienst auf den Weg nach Dänemark. Es ist alles bis ins Detail organisiert und abgesprochen. Aber das Wetter schlägt um, ein Schneesturm tobt über Nordeuropa. Nachts stehen die Jäger-Frauen pünktlich am Zielbahnhof, doch der Zug trifft nicht ein. Ute hat das Familien-Handy dabei, Theo aber meldet sich nicht. Sie warten weiter. Noch mehrere Stunden stehen sie dort, bis der letzte Zug des Tages einfährt – wieder ohne Theo. Der eiskalte Wind pfeift um das Bahnhofshäuschen, sie müssen zurück.

Ute Die Mädchen schlafen, doch ich liege wach, schaue ständig auf die Uhr, bete und überlege, wo Theo gelandet sein könnte. Um mich abzulenken, lese ich in meinem Buch „Fräulein Smillas Gespür für Schnee" weiter. Ausgerechnet. Der Wind tobt ums Haus und rüttelt fordernd an Türen und Fensterläden. Eigentlich wollen wir erst gegen Morgen nochmals zum Bahnhof fahren, wenn der nächste Zug kommt. Doch ich finde keine Ruhe und stehe wieder auf. Mir ist, als könne ich Theos Nähe spüren. Ich öffne die Haustür, der Sturm peitscht mir ins Gesicht. Unsere Autos sind schon stark zugeschneit. Da sehe ich im dunklen Innern unseres Wagens ein winziges rotes Licht. Ich laufe hin, klopfe ans Fenster und entdecke Theo. Da sitzt er und zittert vor Kälte. Er kann sich kaum bewegen, so steif sind seine Glieder gefroren. Ich muss ihn stützen, zum Haus bringen, ihn ausziehen und ins Bett legen. Dann wärme ich ihn mit meinem Körper. Es dauert lange, bis sein Zittern nachlässt.

An den darauffolgenden Tagen versuche ich, etwas von seiner abenteuerlichen Fahrt zu erfahren. Wegen des Wetters waren Züge ausgefallen und er musste stundenlang auf Ersatz warten. Als er endlich am Zielbahnhof in Dänemark ankam, war das Gebäude abgeschlossen, es gab keinen Schutz vor der Kälte. Dann fiel plötzlich der Strom aus, ausgerechnet in dem Moment, als Theo gerade Geld am Automaten abheben wollte. Das Gerät spuckte natürlich noch nicht einmal mehr die EC-Karte aus.

Zum Glück ließ sich ein Taxifahrer überreden, Theo für deutsches Geld zu unserem Ferienhaus zu bringen. Wegen des Sturms haben wir dann aber sein Klopfen nicht gehört und er flüchtete schließlich ins Auto. Wenigstens den Ersatzschlüssel für den Wagen hatte er am Schlüsselbund.

Die Sache mit der EC-Karte sagt er mir erst am Neujahrstag, als wir den Einkauf für den nächsten Tag planen. Zum Glück bekommen wir die eingezogene Karte später von der Bank wieder und unsere Freunde helfen uns zwischendurch mit Geld aus. Auch das noch.

Ein paar Wochen später rufen sie uns an, um zu sagen, dass sie sich keine weiteren Urlaube mit uns vorstellen können. Ich kann ihnen nicht böse sein, wir haben sie schließlich über die Maßen mit unserem Chaos behelligt.

Bei aller Dramatik, die diese verkorkste Reise mit sich bringt, ist es doch mal wieder unglaublich, wie Theo es schließlich geschafft hat, sich nachts, im Ausland, bei Schneesturm zu seiner Familie durchzuschlagen. Man kann nicht umhin zu glauben, dass höhere Mächte im Spiel sind – oder manchmal auch nur aufmerksame Bahnbeamte. Als Theo auf dem Hamburger Hauptbahnhof den Anschlusszug sucht, fragt er nach dem richtigen Gleis. Die Bahn-Frau weist ihm den Weg und macht direkt eine Durchsage: „Achtung an Gleis 5, noch nicht losfahren, Mann mit rotem Schal steigt noch zu!"

Theaterprojekte und Urlaub bedeuten für Ute einen Ausbruch aus dem Alltag, das wiederum ist für Theo jedes Mal eine besondere Herausforderung. Man kann die Uhr danach stellen – die Panne kommt bestimmt. Seinerzeit ist jedes Ereignis für sich dramatisch, in der Rückschau jedoch reihen sie sich zu einer immer wieder gern erzählten Anekdotenparade bei den Jägers aneinander.

Zum Beispiel die Sache mit dem langen Wochenende, an dem die Jägers mit Freunden verreisen wollen. Freitagnachmittagshektik, Ute und die Mädchen packen die Taschen, Theo soll schnell tanken fahren. In den oberen Stockwerken lärmen die Jäger-Frauen: „Wo ist der Föhn?" – „Habt ihr eure Schmusetiere eingepackt?" – „Ich muss noch mal auf Toilette" – bis sich endlich alle vor der Haustür versammeln. Das Auto steht vor der Tür, die Frauen laden es ein – aber wo ist Theo? Ute kommt ein Verdacht. Sie öffnet die Wohnzimmertür und tatsächlich: Theo liegt schlafend auf dem Sofa. Er war müde und hatte die Wochenendpläne beim Anblick seines Lieblingsmöbelstücks vergessen. Und war natürlich zwischendrin nicht zur Tankstelle gefahren. Theo versucht sich zu verteidigen („Ein Vierteltank reicht doch erst mal"), Familie Jäger tankt noch auf die Schnelle, kommt aber trotzdem mal wieder zu spät zum vereinbarten Treffpunkt.

Wer mit Frau und drei Töchtern auf der Autobahn unterwegs ist, kommt um regelmäßige Besuche von Toiletten nicht herum. Eine von den vieren muss eigentlich immer. „Papa, nächste Ausfahrt anhalten, bitte", kräht es von der Rückbank. Theo aber vergisst die Ansage spätestens nach 2000 Metern, brettert mit Vollgas am Abzweig vorbei, bis ihn lauter Protest daran erinnert: „Mensch, Papa, jetzt bist du vorbeigefahren!" – „Wie, *das* war schon die Abfahrt? Das tut mir jetzt aber leid!" Sein ironischer Ton heizt die Stimmung im Wagen weiter an – vor allem, weil die nächste Raststätte 47 Kilometer entfernt ist.

Ute   In den Sommerferien brechen wir mit unserem Zelt in Richtung Venedig auf. Die Kinder sitzen auf der Rückbank, singen, albern herum, lassen die Gummibärchentüte kreisen. Theo fährt, ich checke in Gedanken noch mal durch, ob ich alles habe: Auslandskrankenscheine, Auslandsschutzbrief, Pässe. Theo hat mir seinen Pass nicht gegeben, sondern gesagt, er sei in seiner Brieftasche. Ich würde es trotzdem gern genau wissen, also sage ich so beiläufig wie möglich: „Du hast ja deinen Pass selber." Er antwortet: „Ja, sicher!" Überzeugt bin ich nicht. An der nächsten Raststätte frage ich ihn noch einmal, jetzt wird er ärgerlich, holt die Brieftasche hervor und – der Pass fehlt. Ich weiß nicht, wer von uns beiden mehr geschockt ist. Warum habe ich mich nicht zu Hause davon überzeugt, dass er ihn eingesteckt hat? Das habe ich nun von meiner Zurückhaltung ihm gegenüber. Es kocht in mir und ich muss mich ermahnen, ruhig zu bleiben. Also kehren wir um. Die Kinder protestieren. „Umkehren? Aber warum nur?" Sara ist richtig wütend: „Ach Papa, warum hast du das denn vergessen, Mama hat dich so oft gefragt!" Delia verteidigt ihren Vater und zischt Sara an, dass sie sich nicht so aufregen soll. Die restlichen 250 Kilometer zurück nach Höxter sitzen wir schweigend im Auto.

Auch wenn der Urlaub schließlich schön wird, das Problem dahinter bleibt. Ute ist die Einzige, die annähernd das volle Ausmaß von Theos krankem Gedächtnis kennt. Sie sieht die Katastrophen kommen und muss immer wieder neu entscheiden: Greife ich lenkend, korrigierend, vorsorglich ein oder nicht?

Ute   *Mit der Zeit beobachte ich, dass jedes Erinnern für ihn zu einer Art Anklage wird. Er reagiert empfindlich und wird schnell ärgerlich. Alle wissen es besser und er ist der Depp, der alles vergisst, so kommt das anscheinend bei ihm an. Ich habe den Verdacht, dass etwas auf der Arbeit ihn frustriert oder belastet. Vielleicht fühlt er sich auch dort als Versager.*

Ein Campingplatz ist von Natur aus eher unübersichtlich. Zwischen dem Gewimmel von Zelten verläuft man sich leicht. Dennoch: Wie daheim, so ist Theo auch im Urlaub der Frühstücksbeauftragte der Familie. Das lässt er sich nicht nehmen, und zieht an jedem neuen Urlaubsort gleich am ersten Morgen los, um Brötchen und Milch zu holen. Oft dauert es eine Weile, bis er wieder da ist. Dann sagt er: „Ach, da seid ihr ja. Ich habe mir erst mal in Ruhe die Anlage angesehen." Die Mädchen kichern und wissen genau: Tatsächlich hat er die ganze Zeit nach ihnen gesucht.

1990 urlauben die Jägers an der Atlantikküste. Wilde Brandung, entspanntes Campingplatzleben, Sonne – sie haben es gut miteinander. Die Mädchen sind vergnügt und ausgelassen. Theo fotografiert seit Langem mal wieder. Am liebsten Timna, die ohne Unterlass einen Blasebalg hinter sich herzieht, als sei er eine Holzente. Die ungebändigte Lebensart hier tut allen gut.

Ute   *Morgens holt Theo frisches Baguette und Milch. In der ersten Zeit dauert es recht lange, bis er wieder auftaucht, obwohl der kleine Laden auf dem Campingplatz nicht weit von unserem Zelt* entfernt ist. Die Kinder bekommen schnell heraus, dass Papa wohl einige Umwege unternommen hat. Aber am Ende findet er immer zurück, wir haben ja Zeit hier. Keiner von uns stört sich dran. Am Strand spielt er ausgelassen mit den Mädchen, baut Sandburgen mit ihnen und amüsiert sich über unseren Zosch, wie wir Timna derzeit nennen, eine Mischung aus Ziege und Frosch. Selbst wenn sie sich auf ihn stürzt und durchgekitzelt werden will, macht er mit. Sonst ist ihm das oft zu viel.

Einmal setzt er sich zu mir und sagt: „Gut, dass wir dieses Jahr so früh Schulferien haben, sonst wäre es hier bestimmt überfüllt. Schön, dass wir so viel Ruhe haben und die Kinder Platz zum Spielen." Das klingt zwar nicht euphorisch, doch mir wird klar, wie sehr auch er es hier genießt, einen Platz jenseits des Alltags nur für uns zu haben. Schon drängeln die Mädchen wieder: „Komm doch, Papa!" und Theo springt wieder mit ihnen in die Brandung. Ich genieße den Anblick der vier, das Geplapper der Mädchen und Theo mittendrin. Es kommt mir fast vor, als habe sich das Vergessen zurückgezogen. Theo wirkt hier so frei, ungezwungen und glücklich wie ... ich weiß gar nicht, wie lange das her ist.

Plötzlich entdecke ich am Strand Leute, die mir bekannt vorkommen. Theo sieht sie offenbar auch, kommt zu mir und sagt: „Das ist doch nicht wahr!" Da winken sie auch schon, Bekannte aus der Heimat. Offenbar hat meine Mutter verraten, an welchem Ort wir sind. Die Kinder toben sofort mit den Spielkameraden und auch ich erzähle mit den Bekannten munter drauf los. Doch dann merke ich, dass Theo völlig abweisend und desinteressiert auf seinem Handtuch sitzt. Das ist ihm jetzt einfach zu viel Rummel. Es versetzt mir einen Stich, zu spüren, wie unterschiedlich unsere Bedürfnisse und unsere Grenzen sind. Ich versuche zwar, ihn mit einzubeziehen, aber Theo schweigt. Da sitzt jemand unter uns, der eigentlich nicht da ist.

Mal tut Theos Abtauchen weh, mal ist es aber auch lustig: Einmal sind Jägers zu Besuch bei einem befreundeten Paar: Die Frauen verschwinden in der Küche, bereiten ein Essen vor, vertiefen sich in ihr Gespräch und fragen sich irgendwann, warum es aus dem Wohnzimmer so gar keine Geräusche gibt. Als sie um die Ecke schauen, entdecken sie ihre Männer nebeneinander sitzend auf dem Sofa, schlafend. Vom Lachen der Frauen werden die Männer wach und gucken erst mal perplex: Theo findet als Erster die Sprache wieder und sagt: „Wir verstehen uns bestens."

Ja, das Sofa. Es ist Theos liebster Platz im Haus. Wie ein roter Faden zieht es sich ab 1982 durch sein Leben: Seit er zum ersten Mal nach der Gehirnblutung die kleine Dachgeschosswohnung betritt, ist das Sofa sein persönlicher Rückzugsort. Von da an bieten ihm vier Couch-Generationen Asyl, wenn ihm das Leben um ihn herum zu hektisch wird, wenn er sich überfordert fühlt und sein Leben sinnlos erscheint. Oder wenn er einfach nur Ruhe und Abstand braucht. Egal, ob er allein zu Hause ist, die Familie um ihn herum tobt oder Ute mit Besuch ins Gespräch vertieft ist. Theo kann sich auf dem Sofa jederzeit in sich zurückziehen. Es scheint dann so, als sei er dort hermetisch von der Außenwelt abgeschlossen, als würden ihn durchsichtige Wände von seiner Umgebung trennen. Ute findet nach einigen Jahren das Bild von der Telefonzelle, an die man anklopfen muss, wenn man in Kontakt zu Theo treten will: „Papa ist wieder in seiner Telefonzelle" wird zu einem geflügelten Wort bei den Jäger-Frauen.

Ute Während ich für mich ein ganzes Zimmer als Rückzugsort beanspruche und mir wichtig ist, Türen schließen zu können, um Ruhe zu haben, kann Theo es auf dem Sofa nicht nur gut mit sich allein aushalten, sondern auch mitten im Trubel sitzen! Ich passe meine Rückzüge dem Tagesablauf an, Theo aber ist allzeit in der Lage, sich aus dem Tagesgeschäft ohne Abmeldung herauszuziehen. Er wirkt dabei apathisch, doch ich weiß ja inzwischen, dass er dann Texte auswendig lernt. Dabei legt er sich nie hin, sondern vollzieht dieses Ritual immer sitzend.

Sooft Ute auch darüber grollt, dass Theo sich aus dem Familienalltag ausklinkt, so sehr verteidigt sie ihn gegenüber den Mädchen. Je älter sie werden, desto mehr empören sich Sara, Delia und Timna nämlich darüber, dass Papa aus dem Stand heraus innerlich abtaucht.

Ute *Es ist nicht leicht, Theos Handicap zu erklären, ohne seine väterliche Autorität zu untergraben. Ich sage den Mädchen dann, dass er immerhin wieder arbeitet und jederzeit hilft, wenn man ihn darum bittet. Und dass er uns sehr liebt. Ich bin davon überzeugt: Wäre es umgekehrt und ich wäre die Eingeschränkte – Theo hätte es viel schwerer mit mir. Die Mädchen lachen: „Da hast du recht, Mama!" Sie kennen mich.*

Und dann ist es im Sommerurlaub auf Korfu 1993 plötzlich die sonst so kontrollierte und stets patente Ute, die für eine herrliche innerfamiliäre Lachnummer sorgt, weil sie schlicht vergisst, was sie noch einen Augenblick zuvor gemacht hat.

Ute *Als wir ins Apartment kommen, bin ich entsetzt: Die Terrassentüren sind völlig verschmiert. Zum Glück habe ich Putzsachen eingepackt. Mir ist klar, was gleich kommt, dennoch muss ich es einfach machen: „Das kann ich mir nicht drei Wochen ansehen", sage ich forsch. Und natürlich kommt sofort Protest: „Mama, nein! Das ist nicht dein Ernst? Du putzt nicht im Urlaub Fenster!" Die Mädchen kennen mich leider zu gut, sie finden es „krank", dass ich ans Putzen denke, statt die Sicht aufs Meer zu genießen. „Nur die Türen – versprochen!" sage ich. Theo fügt ironisch hinzu: „Putz die Scheiben bloß nicht zu sauber, sonst läuft noch eins der Kinder dagegen!"*

Nach wenigen Minuten bin ich fertig, jetzt kann der Urlaub beginnen. *Theo und die Mädchen sitzen auf der Terrasse und amüsieren sich immer noch über meinen Sauberkeitsfimmel, während ich schnell einen Kaffee koche. Ich komme aus der Küche zurück, gehe geradewegs auf die geschlossene Terrassentür zu, in jeder Hand eine volle Tasse Kaffee. „Der Kaffee kommt! Kinder, was möchtet ...“*

Weiter komme ich nicht, es scheppert und ich knalle mit beiden Tassen samt Nase an die Glasscheibe. Kreischalarm auf der anderen Seite der Scheibe, Theo und die Kinder japsen nach Luft. „Das sah genial aus, Mama, wie im Fernsehen!“ Ich brauche eine ganze Weile, um mich wieder einzukriegen, der Aufprall war ganz schön heftig. Und die Scheiben, an denen der Kaffee herunterrinnt, kann ich jetzt zumindest von innen gleich noch einmal putzen.

Als sie sich beruhigt haben, sagt eines der Mädchen: „Mama, das kann doch nicht wahr sein! Hast du echt vergessen, dass du gerade die Terrassenfenster geputzt hast? Papa vergisst so viel, aber selbst er bringt nicht solch gefährliche Sachen!“ Stimmt, da hat sie wirklich recht, so etwas ist Theo noch nicht passiert.

17
War's das jetzt?

Manche Menschen beschreiben die Nahtoderfahrung, zum Beispiel bei einem Unfall, als Initialzündung für ein sinnvolleres,
bewussteres Leben. Jeder Moment wird nun intensiver erlebt,
zelebriert, von der Tasse Kaffee am Morgen über menschliche
Begegnungen bis hin zum Schneematsch im Februar.

Dem Tod so nah gewesen zu sein, mit 25 Jahren, bleibt für
Theo ein verstörendes Erlebnis. Denn es war schön dort, in dieser Zwischenwelt, ruhig und geordnet. Ein Ort zum Verweilen.
Er hatte das Gefühl, einen schweren Ballast los zu sein. Dennoch folgte er dem Sog, den er verspürte. Er spürte Utes Anwe-
senheit, die ihn bat, wieder aufzuwachen. Als er merkte, dass
er langsam wieder erwachte, dachte er kurz: „Das gibt es doch
nicht, jetzt geht das schon wieder los."

Es geht nicht wieder los. Jedenfalls nicht so, wie man morgens
in einen neuen Tag startet. Die Rückkehr aus dem Koma ist für
Theo keine Rückkehr ins Leben, es ist der Beginn eines neuen
Lebens. Denn so, wie Theo die Welt jetzt erlebt, kennt er sie
nicht. Und so, wie er sich darin bewegt, kennt er sich selbst
nicht. Die Frage „Was soll ich hier?" begleitet Theo für viele
Jahre.

Nicht nur dass er viele Grundlagen neu lernen, also schlichtweg seinen Körper inklusive Gehirn wieder zum Laufen bringen muss, auch seine Persönlichkeit gilt es wieder neu zu
entdecken. Wie ein Schiff, das ohne Anker auf dem Wasser
vor sich hin dümpelt. Erinnerungen, politische und ethische

Einstellungen, sein Glaube – Theo weiß nicht, was ihn vorher ausgemacht hat, wer er war und wer er sein will.

Anfangs ist er zwar durchaus fasziniert von der Welt, die er neu entdeckt, ihren Gerüchen, ihren Farben, ihren Klängen oder natürlich von der schönen jungen Frau, die ihn immer wieder besucht. Häufiger aber empfindet er Distanz zu seiner Umgebung.

Theo Ich frage mich, was ich eigentlich mit dieser kalten Welt zu tun habe und befürchte: nichts. Vielleicht nur, dass ich hier sehr alt werden muss. Nach meinen drei Wochen Intensivurlaub auf der Intensivwachstation bleibt der Tod für mich ein verlockender Gedanke.

Schließlich bedeutet sein Leben im Hier und Jetzt vor allem Überforderung, Reizüberflutung und Unvollkommenheit. Er weiß, dass er erwachsen ist, sich aber wie ein Kind die Welt erschließen muss. Wie soll er da seinen Platz finden? Seine Rolle war die des Ehemanns und Familienvaters, doch nach der Gehirnblutung kann er nicht einmal mehr für sich selbst sorgen. Für Ute ist er oft das vierte Kind.

Woran soll er sich orientieren, an wem soll er sich orientieren, wenn sein Schicksal doch – zumindest in seinem Umfeld – so einmalig ist? Und er spürt natürlich die Erwartungshaltung seiner Frau: Ute spiegelt ihm, dass er mal jemand anderes war, so sehr sie sich auch auf seine neuen Bedürfnisse einstellt. Natürlich will sie ihren alten Theo zurück, den Indianerhäuptling, der den Überblick hat und zugleich so empfindsam sein kann. Das Gefühl, ungenügend zu sein, nistet sich in Theo ein und setzt sich fest. Noch heute sagt er: „Meine Familie ist immer noch nicht mit mir zufrieden."

In dieser Schwere des Alltags bleibt die Erinnerung an das Koma lebendig. Das gute Gefühl, das er damals hatte: Von allen irdischen Lasten befreit! Eine tiefe Ruhe.

Je mehr Theo diesseits an Grenzen stößt, desto größer seine

Sehnsucht nach dem Jenseits. Eine Zufallsbekanntschaft der Jägers hat eine ähnliche Geschichte. Der Mann wäre bei einem Unfall fast gestorben. Sein Leben interessiert ihn seitdem nicht, er will sich auf Irdisches nicht mehr einlassen. Keine Finanzplanung, keine neue Heizung fürs Haus, kein Urlaub. Für seine Frau ist das tragisch, für Ute höchst befremdlich, doch Theo ist fasziniert, als sie mit dem Paar zusammensitzen. Endlich kann Theo mal mit jemandem sprechen, der weiß, wie es in dieser Zwischenwelt zwischen Leben und Tod ist. Die Ehefrauen sitzen mit beklommenen Herzen daneben.

Als 1990 Theos Vater stirbt, sitzt die Familie tags drauf am Küchentisch. Die Kinder stellen Fragen: Wo ist Opa jetzt? Was ist, wenn man tot ist? Theo spricht mit einer Leichtigkeit über den Tod, der den Rest der Familie total verstört.

Ute   *Theo sitzt mit strahlenden Augen vor uns und freut sich, dass sein Vater es geschafft hat, wie er sich ausdrückt. Es kommt mir so vor, als beneide er seinen Vater. Plötzlich beginnt er, hemmungslos zu lachen, richtig laut. Er hört gar nicht mehr auf. Dicke Tränen rollen ihm die Wangen herunter, er schnappt nach Luft und lacht, lacht, lacht. Die Kinder und ich schauen ihn völlig verblüfft an. So haben wir ihn noch nicht erlebt. Zwischendurch versucht er uns zu sagen, dass er nichts machen kann: Er muss einfach lachen und weinen zugleich. Offenbar verschafft sich seine Seele Luft. Das kann ich verstehen. Doch wie sehnsüchtig er nach dem Tod schielt, irritiert mich. Wie kann er so leidenschaftlich darüber sprechen, er scheint sich regelrecht aus dem Leben wegzusehnen. Auch für die Kinder ist das unheimlich. Timna guckt mich fragend an: Sie sagt aber nichts. Niemand sagt etwas. Und ich bin irgendwann einfach nur noch wütend.*

Oft betont er in diesen Tagen, dass er auch gern gestorben wäre. Das hat er in den letzten Jahren schon so oft gesagt. Jetzt lebt dieser Gedanke wieder in ihm auf, und Theo macht selbst vor den Kindern keinen Hehl aus seiner Todessehnsucht. Freut er sich denn nicht, mit uns zusammen zu sein?

Es ist unfassbar für Ute. Sie wollte ihren Mann so gern zurück, sie kann auch damit leben, dass er immer noch nicht wieder völlig gesund ist, aber dass er offenbar nicht glücklich ist, nicht mit der gleichen Inbrunst das gemeinsame Leben liebt, das tut weh. Diese Spur zieht sich wie ein roter Faden durch die Zeit nach dem Koma. Das macht ihr Angst. Nicht nur, weil es die Kluft zwischen den Eheleuten zeigt, sie befürchtet auch, dass irgendwann sein Lebensüberdruss siegt. Es gab diesen Moment bereits einmal, wenige Jahre nach dem Koma. Eines Tages war Theo nicht wie verabredet mit den Mädchen zu Hause. Ute findet ihre Töchter bei Theos Mutter. Stundenlang wartet sie auf ihn. Als er abends nach Hause kommt, ist er verstört. Er war umhergefahren, im Wald gewesen und hatte lange mit sich gekämpft. Aber er kam zurück.

„Ich hätte schon tot sein können, was wäre dann von mir geblieben?" Dieser Gedanke nagt an ihm. Er ist dankbar für den Neuanfang, und doch klingt es nach einer selbst verordneten Dankbarkeit: „Mit mir ist ein Wunder geschehen, das ist doch großartig, ich bin der eine von 10 000! Und ist es nicht auch Gottes Wille, dass ich weiterlebe? Dann muss man doch dankbar und glücklich sein – oder?"

Doch offenbar fühlt es sich für ihn eigentlich nicht so an. Als Delia noch klein ist, wohnen die Jägers unweit des Friedhofs. Wenn sie an den Gräbern vorbeilaufen, wird Theo ganz euphorisch. Ute schiebt ihr Neugeborenes im Kinderwagen und Theo schwärmt: „Wenn ich da liege, möchte ich einfach nur Efeu auf dem Grab." Ute fühlt sich einsam. Und Theo ebenfalls. Davon zeugen seine Aufzeichnungen.

Theo   Ich gehe gern über Friedhöfe. Wäre ich gestorben, hätte ich nicht die geringste Kleinigkeit hinterlassen. Nichts, nichts, nichts hätte von mir Bestand gehabt. Wie traurig wäre das, so kurz gelebt zu haben und eine junge Frau mit einer nicht mal zwei Jahre alten Tochter zu hinterlassen! Deshalb bin ich doch schon erleichtert, noch mal zurückgekommen zu sein. Schade ist nur, dass ich nicht mehr so leistungsfähig bin wie früher. Und dass ich mit meinem gestörten Gedächtnis eine echte Behinderung habe. Ich kann das Leben eigentlich nicht genießen. Es erscheint mir jetzt wie das Licht einer Kerze, die bei starkem Wind zu brennen versucht.

Hinzu kommt, dass Theo der Status des medizinischen Wunders unangenehm ist: Acht Monate nach dem Gehirnschlag besucht er erstmals seinen Hausarzt in Höxter. Der Allgemeinmediziner schüttelt ehrfürchtig den Kopf, als er die Krankenakte liest, und dröhnt jovial: „Es geschehen also noch Zeichen und Wunder!" Theo fühlt sich unwohl. Auf dem Heimweg sagt er zu Ute: „Der Besuch bei ihm ist mir beinahe peinlich, als müsse ich mich dafür entschuldigen, dass ich noch da bin." Auch dieses Gefühl bleibt sein Begleiter.

Als Theo 1986 wieder zu arbeiten beginnt, hat er sein selbst gestecktes Ziel erreicht: Er ist jetzt der Versorger der Familie. Tatsächlich aber überfordert ihn jeder einzelne Tag. Hat er die Zugfahrt und die acht Arbeitsstunden vor dem Computer hinter sich gebracht, setzt er sich zu Hause völlig erschöpft fast den ganzen Abend aufs Sofa. In diesen Stunden wirkt er ähnlich apathisch wie zu Reha-Zeiten. Das Interesse an seiner Familie scheint gleich null zu sein. Anliegen müssen an ihn herangetragen werden: Papa, schau mal, was ich kann! Papa, kannst du mir Mathe erklären? Theo, kannst du bitte den Fahrradschlauch flicken? Dann übernimmt er seine Aufgaben, wirkt auch zugewandt, doch meistens strahlt er aus, dass er eigentlich lieber seine Ruhe hätte. Für Ute wird es von Jahr zu Jahr schwerer, ihren unverdrossenen Optimismus zu bewahren.

Ute   *Immer wieder denke ich an die Stimme, die ich 1982 gehört habe: Gott hat mir gesagt, dass Theo ganz gesund werden wird. Aber das ist er nicht.*

Was bedeutet überhaupt „gesund" und „ganz gesund"? Mir war immer klar, dass Theos Heilung nicht über Nacht geschieht. Aber jetzt sind so viele Jahre vergangen. Muss ich noch länger warten? Bin ich undankbar? Immerhin lebe ich doch weiter mit Theo zusammen, ein richtiges Familienleben mit Arbeit, Freizeit, Freunden und Hobbys – und unseren drei bezaubernden Töchtern. Hätte ich damals, als Theo im Koma lag, gewusst, dass wir heute so leben wie wir leben, ich wäre unendlich dankbar gewesen! Hauptsache, er lebt!

Fünfzehn Jahre sind seit der Gehirnblutung vergangen. Sara ist 17, Delia 13, Timna 9. Sie führen ein eigenständiges Leben mit Freundschaften, vielen Kontakten, zahlreichen Hobbys. Die ungute Dynamik zwischen ihren Eltern – Ute erwägt zwischenzeitlich sogar eine Eheberatung – tut ihrer Lebendigkeit keinen Abbruch. In diesem Sommer 1997 ist es schließlich gerade die Leichtigkeit und Lebensfreude der Mädchen, die Ute klarmachen, wie schlecht es Theo geht. Giulia, eine Gastschülerin aus Italien, lebt für drei Monate in der Familie. Sie bringt Temperament und Fröhlichkeit mit.

Ute *Das Lachen der Mädchen wird lauter mit Giulia; gleichzeitig verstummt Theo. Er vergräbt sich, als wolle er unsichtbar sein. Ich kann überhaupt nicht mehr zu ihm durchdringen. Kürzlich ist er mir in der Gemeinde vor allen anderen in den Rücken gefallen. Er, der sonst so still ist, sagt Dinge, die er unmöglich so meinen kann. Als würde er seinen ganzen Lebensfrust über mir ausgießen. Vor den anderen kann ich mich noch beherrschen; später, auf den Kirchentreppen, rette ich mich in die Arme einer Freundin und sage zu ihr völlig enttäuscht: „Das ist nicht der Mann, den ich geheiratet habe!"*

Ich spreche mit unserem Hausarzt, schildere ihm, wie antriebslos Theo ist. Er scheint regelrecht in eine tiefe Depression abgestürzt zu sein und mich treibt die Frage um, wie verzweifelt er wirklich ist. Hat er Selbstmordgedanken?

Der Arzt verschreibt Theo eine sechswöchige Kur. Ein ungünstiger Zeitpunkt, denn die Jägers müssen demnächst wegen einer Eigenbedarfskündigung ihr angemietetes Haus verlassen und umziehen, Ute tritt zudem in Kürze eine neue Stelle an und arbeitet dann vorläufig Vollzeit. Der Kopf schwirrt ihr von all dem, was gerade ansteht. Aber jetzt, wo sie das erste Mal seit 1982 über Wochen ohne Theo ist, hat Ute die nötige Distanz zum gemeinsamen Alltag, um über alles nachdenken zu können. Was haben Theo und sie in den vergangenen 15 Jahren erlebt? Sie kann ihre Beziehung zu Theo aus der Vogelperspektive betrachten und plötzlich ganz anders einordnen.

Ute *Wenn man mit einem Menschen zusammenlebt, der ständig nahezu alles vergisst, gibt es zwei Möglichkeiten, miteinander umzugehen. Das Miteinander kann zu einem Kampfplatz werden, einem Ort von Missverständnis und Verlust. Oder sie kann gerade Verbundenheit schaffen. Diese Ebene herzustellen ist schwer. Als ich sie entdecke, hilft es mir, unsere Beziehung zu verstehen. Mein Ehemann Theo, der früher mit seiner Gestalt und seinem Verstand ein leuchtendes Ideal für mich war, ist schwach und hilflos geworden. Faktisch hat er die Stellung eines Kindes eingenommen, weil ich ihm alles in den Mund legen muss. Dadurch, dass ich ihn ständig erinnere und ermahne, beeinflusse ich sein Denken. Es erschreckt und beunruhigt mich zutiefst, als ich verstehe, wie weitreichend und folgenschwer mein Einfluss auf sein Leben ist und sein kann.*

Freundinnen raten mir zu einer Eheberatung. Aber unser Problem ist nicht die Liebe, wir haben uns nicht auseinandergelebt und wollen neu anfangen. Wir sind auseinandergerissen worden und suchen den Schlüssel dafür, wie wir endlich wieder eins sein können. Nicht nur körperlich. Im Moment sehe ich nur zwei Menschen, die zwar zusammen wohnen und doch so weit von einander entfernt sind. Wir leben in zwei Welten. Wir erleben, denken, handeln, empfinden so anders, wie es unterschiedlicher und extremer gar nicht sein kann. Ich habe so einen Hunger nach Bewegung in meinem Leben, nach mehr. Ich möchte die Welt in ihrer Weite entdecken, meinen Horizont erweitern – aber ich fühle mich ausgebremst. Theo scheint dieser Hunger verloren gegangen zu sein. Er ist so anders geworden. Einerseits wie ein Kind, andererseits wie ein Greis.

Während ich vor mich hin klage, sehe ich mich plötzlich aus Theos Perspektive. Sehe, wie ich herumwirbele, meine Arbeit mit einer Geschwindigkeit erledige, der er gar nicht folgen kann. Er verliert mich ständig aus dem Auge, weil ich viel zu schnell für ihn bin. Vermutlich richtig anstrengend. Merkwürdigerweise bin ich nicht erschüttert, sondern erleichtert, zu sehen, wo unser Problem liegt. Aber kann ich mein Tempo einfach runterfahren auf seines?

Das geht nicht, denn ich bin es, die das Tempo des Lebens hat. Gleichzeitig wird mir aber auch klar: Es ist nicht so, dass Theo sich erst durch Gehirnschlag und Koma zurückgezogen hat, sondern in seiner heutigen Art schimmert durchaus auch das durch, was ich früher so an ihm geliebt habe: Besonnenheit, Ausgeglichenheit, Ruhe. Eigentlich ist es gut, dass er so anders ist als ich. Früher genauso wie heute mit seiner Krankheit. Hätte er mein Temperament, wäre das die Katastrophe für uns.

Nach Theos Kur gehen wir spazieren. Theo immer ein Stück hinter mir, nie neben mir. Warum macht er das? Mit seinen langen Beinen kann es doch nicht so schwer sein, mit mir Schritt zu halten. Will er Abstand zu mir? Ich überlege hin und her und fasse mir schließlich ein Herz, ihn zu fragen. Und seine Antwort ist wie Medizin für mich: Er erklärt mir, dass er die Sicherheit braucht, mich im Auge zu haben. Läuft er neben mir, hat er Angst, etwas zu verpassen, etwa, dass ich abbiege und er weiter geradeaus läuft. Gut, dass ich das jetzt endlich weiß. Wüsste ich es nicht, so würde es mich weiterhin aufregen und verletzen. So aber fühle ich mich ihm nah. Wie lange hat es so einen Dialog zwischen uns nicht gegeben! Es macht mich jedes Mal so froh, wenn er mir auf meine Fragen antwortet, ohne auszuweichen. Silvester, beim Rückblick auf das Jahr, zeigt sich Theo mir gegenüber sogar richtiggehend nachdenklich und reflektiert: „1997 war der Super-Gau! Und du bist noch immer bei mir!"

Man könnte meinen, das emotionale Gefälle zwischen Theo und Ute sei nicht gut. Kaum eine Beziehung hält es auf Dauer aus, wenn stets der Gleiche den starken, überlegenen Part hat. Die Angst, Ute könne ihn verlassen, begleitet Theo nun schon so lange. Doch vier Jahre später wird klar, dass auch Ute richtig eifersüchtig werden kann: Theo ist bei seiner zweiten Kur in Allensbach am Bodensee. Es tut ihm gut, unter Gleichgesinnten zu sein, unter Menschen, die ebenfalls ein Handicap haben. Vor allem die Gesprächsrunden, in denen sie austauschen, wie schwer es ist, mit dem Alltag der „Normalen" Schritt zu halten, geben ihm das Gefühl, nicht allein mit seinem Schicksal zu sein. Und immer wieder staunt er, dass andere noch viel stärker eingeschränkt sind als er und registriert für sich, wie gut es ihm eigentlich geht. In Allensbach trifft er auch eine Berufsmusikerin, der ein Gehirntumor entfernt wurde.

Ute *Wir telefonieren jeden Abend und er erzählt mir erstaunlich viel. Das freut mich, denn so redselig und lebendig ist er sonst nicht. Leider geht es allzu oft um die Musikerin. Nach fünf Wochen halte ich es nicht mehr aus. Sobald die Herbstferien beginnen, packe ich die Kinder ins Auto und fahre an den Bodensee. Dann können wir dort noch ein paar Urlaubstage verbringen, wenn Theo entlassen wird, und gemeinsam zurückfahren. Bei der Ankunft erwartet uns Theo mit der jungen Frau. Sie möchte uns kennenlernen – und Theo möchte sie mit seiner Familie bekannt machen. Die Kinder sind irritiert. Wochenlang haben sie ihren Vater nicht gesehen, jetzt steht er zur Begrüßung neben einer fremden Frau. Wir gehen gemeinsam Essen. Erinnerungen an den damaligen Kantinenbesuch in Hessisch Oldendorf mit jener Frau, die Theo immer wieder „Süßer" nannte, kommen in mir hoch. Einerseits ist es natürlich alles ganz anders als damals, andererseits ist es wieder so, dass Theo in seiner unbedarften Art nicht merkt, wie unmöglich diese Situation ist. Wir sind hier, um ihn zu besuchen, nicht um erst mal mit einer für uns fremden Frau freundlich-oberflächlichen Small Talk zu machen.*

Die fragenden Blicke der Kinder stacheln meine Wut zusätzlich an. Wieso merkt er nicht, was er den Mädchen da gerade zumutet. Von mir einmal ganz abgesehen. Ich könnte dieses innerliche Brodeln für mich vielleicht noch in den Griff bekommen, aber die Mädchen gieren nach einer Klarstellung. Als die Frau gegangen ist, bestürmen sie Theo mit Fragen: „Warum hast du eine Fremde mit zum Essen eingeladen? Warum hast du hier überhaupt so viel mit dieser Frau gemacht?" Theo versteht unser Problem nicht richtig. Er erzählt den Mädchen von dem Schicksal der Frau und dass sie ihm leidtut. Dafür haben sie Verständnis, ihr Unmut verpufft, weil sie merken, dass ihr Papa lautere Motive hat. Auch ich spreche später noch mal in Ruhe mit Theo, will das klären, muss meinem beschwerten Herzen Luft machen. Zwar ist mir inzwischen klar, dass er keine Grenze überschritten hat, dennoch bedrückt es mich zu wissen, wie nah er sich dieser Frau fühlt. Es tut mir jedenfalls gut, noch einmal aus seinem Mund zu hören. „Ich habe keine Geheimnisse und schon gar keine Beziehung." Das glaube ich ihm. Es ist einfach seine kindliche Art, seine Naivität und Arglosigkeit, die ihn immer wieder in solch heikle Situationen bringt.

Aber: Die Wochen in Allensbach haben in Theo eine neue Dankbarkeit geweckt. Er sieht wieder, wie gut es ihm im Vergleich zu anderen geht. Die Krankheitsverläufe seiner Mitpatienten haben ihm das deutlich vor Augen geführt. Fast 20 Jahre nach dem Koma scheint Theo erstmals wieder so etwas wie Lebensfreude zu spüren. Er hat sich sortiert, hat einen neuen Blick auf sein Schicksal gefunden. Er fühlt sich nicht mehr ständig als unzureichend, sondern sieht, was für ein großes Geschenk es ist, überhaupt wieder ein annähernd normales Leben zu führen. Und er findet für sich etwas, das ihm guttut. Wagt sich hinaus ins Leben.

Theo Mein Hausarzt ist der Meinung, ich solle Sport machen. Gemeinsam überlegen wir, was für mich gut wäre: Handball oder Basketball, was ich zu Schulzeiten gern gemacht hatte, sind für meinen Kopf zu gefährlich. Sein Vorschlag: rudern. Ich bin begeistert – mich draußen zu bewegen liebe ich als Radfahrer sowieso, auch am Wasser bin ich gern. Ich suche sofort den örtlichen Ruderverein an der Weser auf und vereinbare ein Schnuppertraining. Als ich zum ersten Mal hinfahren will, steht Ute völlig entgeistert vor mir – ich habe wohl vergessen, ihr von meinem neuen Hobby zu erzählen. „Meinst du nicht, dass das gefährlich ist? Im schwankenden Boot auf dem Wasser sollte man doch das Gleichgewicht halten können!" Dennoch gehe ich los, schließlich werde ich erwartet.

Schon als ich das erste Mal im Boot sitze und das Wasser unterm Kiel spüre, das Geräusch der Skulls, wenn sie synchron ins Wasser eintauchen, bin ich begeistert und weiß, das will ich weitermachen. Aber ich merke auch, dass die Bewegungsabläufe mich fordern. Mein linker Arm ist ja immer noch nicht wieder ganz so beweglich wie vor 1982, jetzt muss ich aber beide Arme synchron und gleich schnell bewegen, um die Skulls gleichmäßig durch das Wasser zu ziehen. Dazu müssen noch die Beine gestreckt und gebeugt werden und ich muss auf dem Rollsitz vor und zurück rutschen. Das fordert mich mächtig. Wie gut, dass es zumindest einen Steuermann gibt, der die Richtung im Blick hat. Die Ruderbefehle sind klar und einfach und ich bin schnell Teil der Mannschaft. Wir sitzen buchstäblich alle im gleichen Boot – egal, ob Manager und Telekombeamter mit abgebrochenem Physikstudium.

Ute überwindet ihre anfängliche Skepsis gegenüber dem neuen Sport, allerdings muss ihr Theo versprechen, nicht allein im Einer zu rudern. Jahre später, als er schon sicher im Boot ist, bricht er die Abmachung heimlich. Aber letztlich ist es ja genau dieser Ehrgeiz, sich immer neue Lebensbereiche zu erschließen, die zu Theos Heilung beitragen. Es geht ja nicht einfach nur darum, mal was Neues auszuprobieren. Theo hat mit ganz anderen Herausforderungen zu kämpfen, von denen niemand etwas ahnt. So nett die neuen Ruderkameraden auch zu ihm sind, er weiß anfangs gar nicht, wie er sich all die neuen Gesichter und Namen merken soll. Und dann noch all die Eindrücke auf dem Wasser, die sein Gehirn verarbeiten muss: Landschaft, die vorbeizieht, Fischreiher, das alles fordert Theos Aufmerksamkeit. Bei der ersten mehrtägigen Wanderfahrt auf die Mecklenburgische Seenplatte lernt er sogar, sich unfallfrei im wackelnden Boot Regenjacke und, vor allem, -hose anzuziehen. Aber abends hat er dann wieder ein Problem, von dem keiner seiner Sportskameraden etwas ahnt. Für einen Moment steht er ratlos auf dem Campingplatz und lässt seinen Blick über die Reihen der bereitstehenden Wohnwagen streifen. In welchem ist wohl mein Schlafplatz? Doch er findet ihn.

Ist Theo – verbotenerweise – allein auf dem Wasser, macht er zudem bestes Gedächtnistraining: Alle drei, vier Schläge muss er sich umdrehen, um zu schauen, wohin er fährt und gegebenenfalls seinen Kurs mit dem Druck auf die Skulls korrigieren. Das bedeutet: Sein Kurzzeitgedächtnis arbeitet auf Hochtouren. Dass Theo wieder bereit ist, sich mehr als den normalen Anstrengungen des Alltags zu stellen, dass er sich weiterentwickeln will, sich häppchenweise gänzlich neue Lebensbereiche erschließt, ist ein gutes Zeichen. Und ein klares Ja zum Leben.

18
Ach, Papa!

Sara, Delia, Timna – drei wunderbare, eigenwillige, lebendige Mädchen wachsen in dieser besonderen Familienkonstellation heran. Pferde, Volleyball, Omas schöner Garten, Freundinnen, Ferien am Meer – das sind die Pole ihrer Welt. Für sie gibt es kein Davor und Danach, sie nehmen ihre Eltern so, wie sie sind: Mama ist die Chefin, Papa ist einfach Papa, wie Delia auch heute noch sagt. Dass er anders als andere Väter ist, gar eine schwere Behinderung hat, kommt ihnen nicht in den Sinn. Vergesslich ist er, ja, und oft müde. Man kann sich darauf verlassen, dass er Heiligabend spätestens um 20 Uhr einschläft – auf dem Sofa oder gern auch mal mitten im spannendsten „Mensch-ärgere-dich-nicht"-Spiel. Dann beschwert sich zwar eine von ihnen, meistens Sara: „Ach, Papa, warum bist du denn schon wieder müde!", aber eine andere, meistens Delia, verteidigt ihn: „Lass ihn doch." Papas Müdigkeit gehört einfach dazu.

Bis heute spricht Theo Jäger sehr leise und so, als wäre er heiser. Das gehört seit jener Nacht in der Klinik in Höxter zu seinem Leben dazu. Damals hatte man ihn intubiert, einen Schlauch für die Sauerstoffversorgung in seine Luftröhre geschoben. Durch den Druck des Schlauches haben Stimmbänder gelitten und sich bis heute nicht erholt. Eine Krankenschwester hat ihm einmal gesagt: Normalerweise passt man da ziemlich auf, aber bei dir haben sie vermutlich gedacht: „Es muss jetzt schnell gehen – und vermutlich überlebt der das ohnehin nicht …"

Kinder sind anpassungsfähig, das macht es den drei Jäger-Mädchen leicht, sich auf Theos Handicap einzustellen. Sie kennen ihn nicht anders und fühlen deshalb nicht die Wehmut, die Ute in manchen Momenten überkommt, dass Theo nämlich eigentlich ganz anders ist und dass ihr Leben ohne diese Gehirnblutung wahrscheinlich anders aussehen würde. Jener Montag im Mai 1982 ist kein großes Thema im Hause Jäger. Die Mädchen wissen, dass „Papa mal umgefallen ist". Aber wie dramatisch es wirklich war und welche Auswirkungen es hatte, ist ihnen lange Zeit nicht klar. Als Jugendliche entdeckt Delia einmal zufällig Theos Schwerbehindertenausweis in seiner Brieftasche und ist geschockt: Schwerbehindert? Mein Vater? Was bedeutet das denn? Sie beichtet es ihren Freundinnen, die nur sagen: „Guck doch mal aufs Ausstellungsdatum, vielleicht ist es schon verjährt!" und „Ist doch nicht schlimm, man merkt doch nichts." Kindlicher Pragmatismus.

Sara ist die Einzige, die noch schemenhafte Erinnerungen an das Originalfamilienleben hat. An eine komplett unbeschwerte Zeit mit Blümchentapete in der Küche, Kuchenteig schlecken auf der Arbeitsplatte und stets zugewandten Eltern. Oft kam auch Besuch, es war ein buntes, harmonisches Leben in der kleinen Dachgeschosswohnung, ein Idyll.

„Lalelu, nur der Mann im Mond schaut zu, wenn die kleinen Mädchen schlafen ..." hat Theo ihr immer vorgesungen. Und sie weiß noch genau, dass seine Stimme anders klang, als er schließlich aus dem Krankenhaus zurückkam, nicht mehr so weich und voll. Dennoch: Als einen Bruch empfindet sie das Koma des Vaters nicht, auch nicht als Schock. Sie war oft bei den Großeltern, ja, aber dort ging es ihr gut im riesigen Garten. Ihre Kinderwelt war schön. Trotzdem ist sie diejenige, die sich am wenigsten auf Theos Anderssein einstellen konnte. Enttäuscht kommentiert sie, wenn er sich wieder einen Fauxpas geleistet hat: „Ach, Papa!" Und bis heute sagt sie ihrer Mutter, dass sie es Theo zu leicht mache, wenn sie für ihn mitdenke.

Timna, das Nesthäkchen, hat als Kleinkind am meisten von ihrer Mutter gehabt. Von Theo, der bei ihrer Geburt bereits wieder in den Beruf zurückgekehrt und entsprechend unbeteiligt am Familienleben war, fordert sie kräftig Zuwendung ein. Sie will seine Aufmerksamkeit. Egal, wie schlaff Theo gerade im Sessel hängt, Timna wirft sich auf ihn und ruft. „Papa, kitzle mich!" Und dann lacht sie laut und quiekt und juchzt – und Theo ist es einfach nur zu viel. Er schärft ihr streng ein, leise zu lachen, irgendwie nach innen zu glucksen. Aber er sagt nicht: Lass mich in Ruhe.

Die Schwere, die sich zeitweise zwischen den Eltern einstellt, belastet die Mädchen nicht. Wohl aber Theos depressive Phase, als er sich nach der Arbeit einfach nur in den Sessel setzte, stundenlang schwieg und höchstens Sprüche brachte wie: „Hat doch alles keinen Sinn" oder „Ab in die Kiste, das wär's."

Die Familienordnung ist für die Mädchen klar: Ohne Mama läuft nichts. Und Papa ist für den Spaß zuständig. Mama Pflicht, Papa Kür.

Früh lernen die Mädchen, dass sie ihren Vater im Auge behalten müssen. Andere Kleinkinder stiefeln auf dem Spielplatz munter drauflos, wissend: Papa hat mich im Auge und schreitet ein, sobald mir jemand die Schippe wegnimmt. Das kennen die Jäger-Töchter nicht. Delia: „Wenn ich mit Papa draußen war, bin ich nie weggerannt, weil ich Angst hatte, dass er mich nicht wiederfindet. Ich hatte ihn immer im Auge, auch später, wenn wir mal in der Stadt einkaufen waren. Eigentlich ist das bis heute so, dieser Gedanke: Wenn ich den Papa nicht im Auge behalte, vergisst er mich."

Oder er erkennt sie nicht. Als Teenager ist es für Timna eine Qual, mit ihrer Clique durch das kleine Höxter zu ziehen und ihren Vater zu entdecken. Denn sie weiß: Wenn sie einander begegnen, sieht er sie nicht. Läuft an ihr vorbei, obwohl sie einen Meter von ihm entfernt steht. Dann fragen die Freundinnen: „Bist du sicher, dass das dein Vater ist? Warum grüßt er dich dann nicht?" Sie hat nur zwei Möglichkeiten, der Peinlichkeit zu entgehen: Die Freundinnen unauffällig in eine andere Richtung zu lotsen oder ihrem Vater geradewegs vor die Füße zu laufen. Dann sagt er stets überrascht: „Hallo, hab dich gar nicht kommen gesehen." Beides ist gleich blöd für sie.

Die Mädchen lernen, sich seiner Gedankenlosigkeit buchstäblich in den Weg zu stellen. Völlig klar: Ist 23 Uhr als Abholzeit von einer Party ausgemacht, stehen die Mädchen keine Minute zu spät am Treffpunkt, denn sie haben Erfahrung damit, was passiert, wenn sie nicht exakt zur richtigen Zeit am richtigen Ort stehen. Dann fährt Papa leider vorbei, weil er sie nicht sieht. Einmal hat Sara einen kleinen Unfall in der Schule. Theo wird angerufen und soll sie abholen. Da steht sie, mit ihrem gequetschten Daumen, und denkt: Lauf ich doch dem Papa ein bisschen entgegen. Schon sieht sie sein Auto auf der Straße näherkommen – und vorbeifahren. Er wendet und fährt wieder an ihr vorbei. Für ihn ist klar – ich muss zur Schule fahren, aber was er dort soll, das hat er vergessen. Als Papa und Tochter sich endlich haben, sind beide sauer: Sara, weil er vier, fünf Mal an ihr vorbeigefahren ist: „Es kann doch nicht sein, dass du mich nicht siehst!" Und Theo ebenfalls: „Wenn du sagst, du wartest an der Schule, dann musst du dort auch stehen und nicht an der Straße."

Eine ähnliche Geschichte erzählt Delia: Sie wartet nach einer Party am Straßenrand. Papa fährt vorbei. Delia rennt hinterher, nimmt eine Abkürzung, will vor ihm an der nächsten Ecke sein. Schon ist er vorbei, Delia also wieder zurück zum Treffpunkt, wieder ist er vor ihr da – so geht das drei, vier Runden, bis sie sich mitten auf die Straße stellt und ihn zum Anhalten zwingt. Theo kurbelt das Fenster runter und sagt: „Ach du bist es, ich dachte gerade, was für ein Idiot steht da denn auf der Straße rum." Unbedarfte, ironische Antwort, typisch Theo. Geschichten wie diese reihen sich ein in die Anekdotensammlung der Jägers. Theo lacht gern mit, wenn sie mal wieder erzählt werden. Doch wie groß sein Unvermögen tatsächlich in solchen Situationen ist, erkennen die Mädchen erst, als sie längst erwachsen sind.

Dass Theo manche Versprechungen vergisst, Verabredungen platzen lässt, sorgt immer wieder für Enttäuschung.

Ute Manchmal verletzt es die Mädchen schon, wenn Theo sich nicht an Verabredungen hält. Dann kommen sie zu mir und fragen: „Macht Papa das extra, Mama? Er wollte doch heute mit uns schwimmen gehen! Jetzt hat er sich mit Helmut verabredet." Ich versuche ihnen dann zu erklären, dass er nichts dafür kann und es ihm auch leidtun wird, wenn er merkt, dass er seine Kinder vergessen hat. „Sind Erwachsene denn wichtiger? Er hätte Helmut doch sagen können, dass er schon einen Termin hat!" Die Mädchen fühlen sich zurückgestellt. Was bleibt mir übrig, ich verspreche ihnen aufzupassen, dass es nächstes Mal klappt.

Dennoch: Ungeliebt fühlt sich keines der drei Mädchen. Und jede findet ihren Weg, sich auf Theo einzustellen. Delia geht ganz nüchtern an die Sache heran. Sie erinnert Theo unermüdlich an das, was er versprochen hat. „Papa, du weißt ja, wir wollen heute mein Fahrrad flicken." Dann ist er auch sofort bei der Sache – „Ja, ich komme sofort!" –, braucht dann aber eine Weile, bis er sein Werkzeug zusammengesucht hat und vergisst dabei gern die Zeit. Doch ein kurzes: „Papa, können wir dann jetzt anfangen?" holt ihn zurück. Wenn es losgeht, ist Theo stets zugewandt und interessiert. Das weiß Delia und nimmt deshalb die Verzögerungen nicht persönlich.

Manchmal scheint Theo sich einfach in einer Situation zu verrennen, zum Beispiel, wenn er etwas reparieren will: Er fährt in den Baumarkt, bleibt anderthalb Stunden, kommt zurück, werkelt weiter, merkt, dass er noch ein Brett braucht, fährt wieder los, bleibt eine Stunde, kommt zurück und so weiter. Die Mädchen lernen irgendwann, das nicht als Nestflucht ihres Vaters zu werten: „So ist Papa halt."

Womit sie immer direkt zu ihm gehen, sind Mathe-Hausaufgaben. Da kann er helfen, das ist sein Job. Nur in Organisationsbelangen ist Mama die sicherere Bank. Und wehe, sie steht nicht zur Verfügung: Als Timna in die Realschule kommt, kann Ute nicht bei der Einschulungsfeier dabei sein, weil Delia am gleichen Tag ebenfalls an einer neuen Schule beginnt. Theo und Ute müssen sich aufteilen. Da Theo das Realschulgebäude kennt, soll er mit Timna gehen. Doch das beruhigt die Zehnjährige überhaupt nicht, sie ist regelrecht panisch: Wie soll sie sich in dem großen Gebäude mit über 1000 Schülern orientieren, wenn Papa dabei ist? Werden sie pünktlich sein? Und die richtige Klasse finden? Am Ende geht alles gut. Aber an die Ängste von damals erinnert sie sich heute noch lebhaft.

Genau wie Ute lernen die Jäger-Töchter, sich Theos Zuwendung abzuholen. Spontan kann Theo seine Gefühle bis heute nicht so gut zeigen, sicher auch aus der Unsicherheit heraus, etwas falsch zu machen oder eine Situation nicht richtig zu bewerten. Aber er versucht es. Timna erzählt, dass er zum Beispiel irgendwann anfing, sich von ihr vor einer Klassenfahrt mit einem Kuss auf die Wange zu verabschieden. Für sie das Zeichen: Es ist ihm nicht egal, dass wir uns jetzt länger nicht sehen, ihm fällt der Abschied auch ein bisschen schwer. Und als Timna das erste Mal Liebeskummer hat, ist keiner da zum Reden. Nur der Papa geistert durchs Haus, irgendwie unruhig. Endlich steht Theo im Türrahmen und fragt, was los sei. Als sie ihm sagt, dass sie sich von ihrem Freund getrennt hat, antwortet er: „Wollen wir Schach spielen?" Danach steht ihr zwar gerade überhaupt nicht der Sinn, aber sie weiß: Es ist sein Versuch, sich um sie zu kümmern und ihr ein Gefühl der Geborgenheit zu geben. Und das tröstet sie für den Moment.

Manchmal ist Theo aber auch für eine Überraschung gut. Taucht bei Volleyballspielen von Delia auf, ohne dass sie ihn vorher explizit darum gebeten hat. Für Delia ist das immer ein großer Moment: Papa hat nicht vergessen, dass ich ein Turnier habe, Papa interessiert sich für mich.

Drei Mädchen, drei Charaktere, drei Wahrnehmungen: Sara erinnert die gemeinsamen Einkäufe mit Schrecken. Wie langsam es im Supermarkt zuging. Es ist lange her, sie saß noch im Kindersitz vom Einkaufswagen, aber sie kann sich an viele Einzelheiten erinnern. Sie stehen vorm Regal mit der Babynahrung. Theo zieht ein Glas raus, schaut es an, stellt es zurück. Dann das nächste. Er scheint überhaupt nicht zu wissen, was er eigentlich sucht. Und als sie dann endlich an der Kasse stehen, sucht er endlos in seinen Taschen nach Geld. Theo lächelt tapfer, obwohl ihm vor Aufregung der Schweiß auf der Stirn steht. „Wo hab ich es denn ...?“ Das kann doch nicht sein.

Er hat jedenfalls nicht genug Geld dabei. Die Verkäuferin fragt, was er zurücklegen will. Theo starrt auf die Warenmengen auf dem Band, dann wieder ins Portemonnaie, die Leute in der Schlange werden unruhig, bringen herablassende Sprüche und fangen an zu pöbeln. Am Ende müssen sie alle Einkäufe neben der Kasse deponieren und später noch einmal wiederkommen.

Die Erinnerung an solche Episoden ist für Sara prägend, bis heute verlässt sie nicht das Haus, ohne sich versichert zu haben, dass sie „liquide“ ist. Bargeld- oder EC-Karte sind immer an der Frau.

Irgendwann hat jede Jäger-Tochter mal mit Papa an der Kasse gestanden und er hatte nicht genügend oder überhaupt kein Geld dabei, die Kartenzahlung war schließlich noch nicht so verbreitet wie heute. Ute erfährt davon für gewöhnlich nichts. Dennoch beginnt sie es zu ahnen, als die Familie einmal nach einem Einkaufsbummel gemeinsam im „Deutschen Haus“ essen geht, anstatt wie sonst üblich McDonald's anzusteuern. Timna, damals sechs Jahre alt, ist beeindruckt vom rustikalen

Ambiente, den weißen Tischdecken und den schick gekleideten Kellnern. Als Vor-, Haupt- und Nachspeisen für alle fünf aufgetragen werden, fragt sie mit großen Augen. „Wisst ihr auch, was ihr bezahlen müsst?" Ute stutzt: Warum macht sich eine Sechsjährige darüber Gedanken? Das kann nur daran liegen, dass sie mit ihrem Papa Situationen erlebt hat, bei denen er am Ende nicht flüssig war ...

Delia hingegen sagt in der Rückschau auf ihre Einkaufserlebnisse mit Theo: „Wenn wir im Supermarkt zu wenig Geld hatten, haben wir halt den Einkaufswagen an die Seite gestellt, sind nach Hause gefahren und haben Geld geholt." Peinlich ist ihr das nie gewesen – und ihr Papa schon gar nicht.

Alle drei Mädchen durchschauen, dass Theo sie als Gedächtnisstütze benutzt. Fahren sie in ein Parkhaus, sagt Theo beim Aussteigen: „Wir merken uns jetzt alle mal C 102." Wenn sie zurückkommen, fragt er noch vor der Fahrstuhltür: „Und, was solltet ihr euch merken?" Dann rufen die Mädchen wie aus einem Mund „C 102", Theo lobt: „Prima gemacht!" – und denkt vermutlich: Glück gehabt!

Natürlich probieren die drei früh, ihren vergesslichen, harmlosen Vater auszutricksen. Ein Extra-Taschengeld? Da sollte man besser Papa fragen. Der kommt einem nicht mit Prinzipien, wenn man doch so dringend ein neues T-Shirt kaufen möchte. Allerdings durchschaut auch Theo seine Töchter – und weil er nicht so gern Konflikte austrägt, behilft er sich mit einem Trick: Er trägt nur noch selten Bargeld mit sich herum, dann kann er den Mädchen mit Unschuldsmine sein leeres Portemonnaie zeigen und sagen: „Ich würde dir ja gern was geben, aber leider, leider habe ich gerade gar kein Geld dabei."

Für Theo ist der Trubel in seinem Viermädelhaus oft zu viel. Und wie immer, wenn ihn etwas emotional so richtig packt und nervt, wird er aktiv. So auch, als er dringend den „Telefonterror" seiner pubertierenden Mädchen entschärfen will.

Theo   Wir wohnen jetzt mitten in der Altstadt von Höxter in einem Fachwerkhaus, anno 1498, mit zehn Zimmern. Es hat noch original historische Lehmwände und dadurch eine sehr gedämpfte Akustik. Klingelt das Telefon und ich gehe an den Apparat, habe ich ein Problem. Denn die Mehrzahl der Anrufe ist für eine meiner Töchter bestimmt, die oben in ihren Zimmern sind. Sie zu rufen bringt mich nicht weiter, meine Stimme ist zu leise. Also muss ich die Treppe hoch in eines der oberen Stockwerke. Es kommt mir vor, als verbringe ich den halben Tag auf der Treppe, ständig ruft jemand für eine der drei an. Und manchmal, wenn ich zu lange suchen muss, weil Delia zum Beispiel nicht in ihrem Zimmer, sondern im Bad ist, vergesse ich auch, dass ich auf dem Weg zu einer meiner Töchter bin. Das gibt dann wieder Ärger mit den Mädchen. „Warum hast du mich nicht ans Telefon geholt, als Katja, Melanie oder Jan gestern angerufen hat?!"

Mir ist klar: So geht das nicht weiter, wir brauchen für dieses Haus eine Telefonanlage, so richtig professionell, mit ISDN-Anschluss. Der Plan: Ich installiere Ute, Sara, Delia und Timna Telefone in ihren Zimmern und jede bekommt eine eigene Rufnummer. Die passende Telefonanlage ist schnell besorgt, auch das Telefonkabelverzweigungsnetz im Haus verlege ich ohne große Schwierigkeit. Timna scheint beeindruckt zu sein: „Papa, wenn du so was Schwieriges machen kannst, könntest du dir damit nicht nebenbei ein bisschen Geld verdienen?" Ich denke: „Auch das noch! Noch mehr Arbeit! Ich mache das hier doch, damit ich mehr Ruhe habe."

Die Leitungen über den Computer zu installieren, ist neu für mich, während meiner Ausbildung lief das ja noch elektromechanisch. Es fordert all meine Konzentration und Geduld – genau wie die der Mädchen. Sie müssen einige Wochen aushalten, bis ihre persönlichen Apparate funktionieren. Dann ist es geschafft, sie telefonieren jetzt von ihren Zimmern aus und können sich sogar untereinander anrufen. Und ich habe nicht nur den Sprung in die neue Technik geschafft, sondern auch endlich wieder meine Ruhe.

Dass Theo aber auch Grenzen setzen kann, erfahren die Mädchen peu à peu. Von wegen, Papa ist für den Spaß zuständig: Die ganze Familie sitzt im Auto. Timna ist wieder einmal so richtig sauer, ihre Wutausbrüche sind legendär. Heute steigert sie sich in eine Schimpftirade gegen Ute hinein, meckert und wütet und krönt das Ganze mit „Du blöde Mama!" Theo bremst, steigt aus, öffnet die hintere Wagentür und sagt: „Hör auf, so mit Mama zu reden. Sonst musst du zu Fuß nach Hause gehen." Eigentlich eine klassische Familienszene, doch bei Jägers ein Ereignis – Papa tritt als Chef der Familie auf – und gerade deshalb so wirkungsvoll. Der Rest der Fahrt verläuft still.

Als Pubertierende versucht Timna einmal ihren Vater auszutricksen. Die Chancen stehen gut, denn Ute ist für ein Wochenende mit Freundinnen verreist. Doch Theo fällt auf, dass sich sein Nesthäkchen verdächtig verhält und durchkreuzt den gewagten Plan, unerlaubten nächtlichen Besuch zu bekommen mit einer anständigen Standpauke. Timna weiß natürlich, was sie verbockt hat. Doch dass ihr Vater auch laut und bestimmt sein kann, verstört sie so sehr, dass sie weinend bei Ute anruft: „Der Papa ist so anders!"

Wenn es sein muss, dann kann Theo nämlich durchaus Position beziehen. Es kommt immer darauf an, wie sehr er selbst betroffen ist. Starke Emotionen schaffen es nach wie vor, ihn aus seinem Erlebnisnebel herauszuholen: Eine Weile werden die Jägers von einem auffälligen Jugendlichen belagert, der in psychiatrischer Behandlung ist. Er klingelt häufig, einmal steht er in der Küche und breitet seine Verzweiflung vor Ute aus. Sie, die sonst für alle ein Ohr hat, fürchtet um ihre pubertierenden Töchter, will ihn nicht im Haus haben. Theo kommt ab und an herein, sagt aber nichts. Ute denkt: Jetzt habe ich schon so einen großen Mann im Haus, der sich nur einmal aufbäumen müsste vor diesem Typen, doch er tut nichts. Doch dann, mitten in der Nacht, als der Junge Steinchen an ihr Schlafzimmerfenster wirft, schreitet Theo ein. Geht vor die Tür und sagt dem

Jungen, der dort gerade sein Nachtlager aufschlagen will, dass ihn diese Show überhaupt nicht beeindrucke. Ab jetzt hat die Familie Ruhe.

Dass andere Väter dominanter auftreten, schimpfen, starke Sprüche machen, sich einmischen, so wie sie es bei Freundinnen häufig sieht, schüchtert Timna eher ein. Dann hat sie doch lieber einen etwas hüftsteifen Papa, der überwiegend freundlich ist. Aber ihr entgeht auch nicht, welche Wirkung wiederum Theo auf ihre Spielkameraden hat. Er hat eine eigentümliche Autorität: Dadurch, dass er so groß und ruhig, manchmal auch brummig wirkt, haben manche Nachbarskinder direkt Angst vor ihm.

Heute hat jedes der Mädchen seine ganz besonderen Vater-Tochter-Momente. Sara zum Beispiel begleitet Theo gern in die Scheune eines Enten-Freundes, der Theo hilft, Saras alte 2CV am Laufen zu halten. Dort zu fachsimpeln und sich ausgiebig über technische Detailfragen zu unterhalten, das ist eine gemeinsame Leidenschaft von Vater und Tochter.

Delia, das Papa-Kind, muss sich um einen guten Draht zu Theo nicht bemühen, sie hat ihn einfach, auch weil sie Theos Langsamkeit und Marotten nie gestört haben. Wenn sie ihre Eltern besucht, setzt sie sich mit Theo aufs Sofa und zeigt ihm den letzten Schrei auf YouTube. Dass er gar nicht so auf Reizüberflutung steht, ignoriert sie einfach, sie geht mit ihm auf Augenhöhe um und nimmt keine übertriebene Rücksicht. Wenn er seine Ruhe will, soll er seine Ruhe bekommen, er meldet sich schon. Sie traut ihm das zu.

Timna findet es schade, dass ihr Vater viel an der Familie vorbeigelebt hat, sieht aber auch, wie viel er tatsächlich doch gemacht hat. Sie setzt sich gern mit Theo auf den Balkon, Flasche Bier, Sonnenuntergang, keine tiefschürfenden Gespräche. Zweisamkeit ohne große Worte. So auch, als sie der Familie erstmals ihren jetzigen Mann vorstellt. Immer wieder geht ihr Blick zu Theo. Es ist klar, dass er niemals unhöflich gegen den

Mann ihres Herzens sein würde, aber als sie sieht, wie zufrieden Theo schaut, wie wohl er sich am Tisch fühlt und dass er so gar keine Anzeichen macht, sich zwischendurch mal aufs geliebte Sofa zurückzuziehen, weiß sie: Er ist einverstanden. Er mag ihn. Und das ist ihr ganz, ganz wichtig.

Sara, Delia und Timna fühlen sich geliebt von ihren Eltern. Alle drei sind mit ihrer Geschichte im Reinen. Was aber alle bis heute nicht verstehen: Warum hat er uns nie gesagt, wie schwer ihm das Leben fällt und dass er so vieles, was wir von ihm erwarten, gar nicht kann? Ja, warum? Theos Antwort ist immer die gleiche: „Das hätte ja sowieso niemand verstanden."

19
Als das Leben von Schwarz-Weiß auf Farbe umschaltet

4. August 2007. Theo ist 50 Jahre alt; sein bisheriges Leben teilt sich in zwei Hälften: 25 Jahre mit, 25 Jahre ohne Kurzzeitgedächtnis. Es ist Samstagnachmittag. Ute und Theo sind mit Delia bei Ikea in Kassel. Eigentlich ein Albtraum für Theo. Zu voll, viel zu viele Menschen, viel zu grelle Farben, viel zu laut. Doch ausgerechnet hier, in diesem Tempel der Reizüberflutung, vollendet sich Theos Genesung. Unglaublich.

Er steht wie immer an der Schnittstelle zwischen Ausstellungsbereich und Markthalle. Das haben sich die Jägers so angewöhnt. Hier wartet er, während die Frauen ausschwärmen, um in Ruhe schöne neue Dinge zu kaufen. Anfangs schlendert er wie immer ein bisschen auf und ab, schaut dies an und das, ohne Ziel.

Theo *Ich gehe an einem Sofa vorbei und weiß: Hier habe ich eben schon mal gestanden. Das kann höchstens ein paar Minuten her sein. Das ist ja unglaublich, ich kann mich an etwas erinnern, was gerade erst passiert ist! Das habe ich ja ewig nicht erlebt, seit 1982 nicht mehr. Aber das Gefühl ist mir aus ganz weiter Ferne irgendwie vertraut. Ich weiß sofort, dass hier gerade etwas ganz Besonderes passiert. Alles wirkt heller und klarer. Das ist der Glanz des Augenblicks, der mir so lange gefehlt hat!*

Theo ist völlig außer sich, ruft Ute und Delia und versucht zu erklären, wie sich seine Welt gerade verändert. Es ist, als schalte das Leben von Schwarz-Weiß auf Farbe um. Es ist, als eröffne sich eine völlig neue zeitliche und gedankliche Dimension. Theo war 9203 Tage lang ein Gefangener des Augenblicks, jetzt öffnet sich die Tür, der Ausgang, hinaus aus der Einsamkeit. Der Anfang vom Ende seines eingeschränkten Lebens beginnt, ab jetzt kehrt Theo Schritt für Schritt zu Normalität zurück – und zu sich selbst.

Ute kann mit der Aufregung von Theo nichts anfangen und antwortet mechanisch „Das ist ja toll." Woher soll sie auch wissen, wie spektakulär dieser Moment für ihn ist, Theo hat ja nie detailliert erzählt, wie es ihm geht. Delia ahnt das Ausmaß dessen, was gerade passiert ebenfalls nicht, aber das Papa-Kind freut sich über die kraftvolle Begeisterung, die Theo versprüht.

Ab jetzt ist alles anders: Für Theo ist es wie eine Stunde null, jeder Tag ist ab jetzt unglaublich aufregend, voller Entdeckungen und Aha-Erlebnisse. Es ist das dritte Mal in Theos Leben, dass er die Welt neu entdeckt – als Kind, nach dem Koma und jetzt, mit 50 Jahren. Das Leben fängt an, Theo richtig Spaß zu machen, denn seine wieder gewonnenen Fähigkeiten schenken ihm eine völlig andere Lebensqualität. Der Tag besteht nicht mehr aus lauter Einzelabfolgen, sondern fügt sich zu einem Ganzen – einem sinnvollen Ganzen, das ihm auch seinen Platz im Leben wieder klarer und wertvoller erscheinen lässt.

Theo   Ich staune immer noch darüber, dass ich weiß, was ich vor einer Minute gemacht habe. Dass ich mich abends erinnere, was ich mittags gegessen habe. Dass ich bei der Arbeit daran denke, wie ich mich am Morgen von Ute verabschiedet habe und was sie heute vorhat. Dass ich mich auch beim Aufwachen noch erinnere, wie ich am Abend zuvor noch lange auf dem Balkon gesessen habe. Es ist eine ganz neue Leichtigkeit. Irgendwie fließt das Leben jetzt, vorher gab es nur zahllose Momente, die nicht verbunden waren.

Es sind wahrhaft revolutionäre Umwälzungen, die in Theos Gehirn und in seinem Erleben stattfinden. Doch genau so, wie seine Behinderung nahezu unsichtbar war, spielt sich auch seine Heilung nicht auf großer Bühne ab. Anders als während seiner Krankheit, wo er versuchte, seine vielen Handicaps zu verschleiern, will er die Erfolge seiner Heilung allerdings gern allen mittteilen. Doch das hilft ihm wenig, schließlich weiß nur er selbst, wie unglaublich anders sein neues Leben ist. Auch Ute schlussfolgert anfangs lediglich, dass sie Zeugin einer weiteren Marotte ihres Mannes ist.

Ute *Auf den ersten Blick ist Theo keine Veränderung anzumerken oder anzusehen. Nur manchmal bricht es völlig überraschend aus ihm heraus: „Das gibt es doch gar nicht, ich kann mich an den letzten Augenblick erinnern! Es gibt ihn wieder! Ich weiß, was ich gerade gemacht habe! Unglaublich!" Er ist dann völlig euphorisch. Hin und wieder sagt er noch fast wehmütig. „Das habe ich so lange nicht gehabt. Mann – ein Vierteljahrhundert nicht!"*

Freunde und Familie wissen nicht so recht, was sie dazu sagen sollen. Sie nehmen diese Aussage leicht irritiert zur Kenntnis, können sie aber überhaupt nicht einordnen. Mir geht es ähnlich, ich weiß nicht, was ich ihm antworten soll in solchen Momenten. Was meint er? Was geht in Theo vor? Wie muss ich mir das vorstellen, wenn das Kurzzeitgedächtnis plötzlich wieder da ist?

In den Tagen und Wochen nach dem Ikea-Besuch bemerke ich dann aber allmählich, wie Theo sich verändert. Er hält sich an Dinge, die wir abgemacht haben. Immer öfter antwortet er mir, wenn ich ihn zum Beispiel erinnere, dass er heute bitte das Auto in die Werkstatt bringt: „Klar, das haben wir doch gestern Abend so besprochen." Das ist neu. Er fragt jetzt auch ganz anders nach, nimmt Gesprächsfäden vom Vortag wieder auf oder fragt mich abends sofort, wie ein heikles Gespräch, das für mich an diesem Tag anstand, gelaufen ist. Theo braucht mich nicht mehr dazu, sein Leben zu organisieren, das kann er selber. Ich gehe nicht mehr mit dem Gedanken aus dem

Haus: „Kommt er auch allein klar?" Natürlich kommt er klar! Er ist wieder lebensfähig, auch ohne mich. Das ist so befreiend!

Und noch etwas ist anders: Theos Tempo. Er wird schneller, in allem, was er tut. Ute ist jetzt nicht mehr zu fix für ihren Mann, Theo hat sie eingeholt und läuft jetzt gleichauf mit ihr.

Ute *Oft staune ich, was er in den wenigen Stunden vor Arbeitsbeginn schafft. Wenn ich abends nach Hause komme, ist gesaugt, sind die Betten gemacht, Essen steht auf dem Herd. Er ist um Lichtjahre schneller geworden! Morgens kann ich mich in aller Ruhe fertig machen, während er uns den Frühstückstisch deckt, mir liebevoll frisches Obst klein schneidet und meine Brote schmiert. Unglaublich, diese vielen Arbeitsschritte, die wir alle selbstverständlich erledigen – nur mal eben Frühstück zubereiten – das allein hat er so lange gar nicht geschafft. Im Laufe der Jahre lief vieles automatisiert ab, aber immer mit großer Anstrengung und enormem Zeitaufwand. Heute geht es ruckzuck – und er hat noch Zeit, sich selbst vor der Arbeit fertig zu machen. Vielleicht sogar noch ein Hemd zu bügeln. Auch das ist neu. Bisher habe ich das für ihn erledigt, nun besteht er darauf, es selbst zu tun. Weshalb?*

Er will mich entlasten. Aber ich beobachte auch, dass es ihm darum geht, selbstständig zu sein und etwas zu lernen. Es ist ja für einen Ungeübten überhaupt nicht leicht, ein Hemd knitterfrei zu bügeln. Theo geht da ganz systematisch vor: Welche Reihenfolge ist sinnvoll, wie geht es schneller? Das ist der neue alte Theo: immer auf der Suche, Neues zu entdecken und zu lernen.

Auch für Ute beginnt ab jetzt eine neue Zeitrechnung: Jetzt unterteilt sie in der Rückschau auf ihr Leben nicht mehr nur in „vor 1982" und „nach 1982". Jetzt gibt es „vor 2007" und nach „2007"! Es kommt so vieles auf einmal: Sara, Delia und Timna sind erwachsen, und auch Theo ist nicht länger ihr viertes Kind. Das bedeutet für alle Familienmitglieder ein Loslassen von all dem, um das sich in den letzten 25 Jahren ihr Alltag drehte. Für Ute ist es so sehr zur Routine geworden, eigene Bedürfnisse hintanzustellen und ihre Wünsche überhaupt zu erkennen, dass sie es jetzt wieder lernen muss. Die neu gewonnene Freiheit ohne die Mädchen, aber auch ohne Theo als hilfsbedürftigen Partner, ist eine Chance, alte Rollen über Bord zu werfen.

Ute Ich setze jetzt einen Schlusspunkt hinter mein jahrelanges, ständiges „Erinnern". Ohne es groß mit Theo zu besprechen, erkläre ich für mich selbst dieses Kapitel als beendet. Theo kommt allein klar. Im Gegenteil, er reagiert gereizt darauf, wenn ich ihn ständig erinnere. Stattdessen entdecke ich: „Absprechen" ist die neue Devise. Kommunikation auf Augenhöhe.

Und dann beobachte ich doch tatsächlich, dass Theo anfängt, mich an etwas zu erinnern. So ganz beiläufig, dass ich insgeheim amüsiert bin: „Denkst du daran, dass ich heute rudern fahre?" Oder „Ich bin heute Vormittag beim Zahnarzttermin." Wenn ich dann überrascht frage „Heute?", antwortet er: „Sag bloß, du hast das vergessen?" Manchmal ist er jetzt derjenige, der auf Planung drängelt: „Sprich dich diese Woche bitte endlich mit deiner Kollegin ab, damit ich meinen Urlaub fürs nächste Jahr anmelden kann! Darum hatte ich dich schon vor Wochen gebeten." Das Blatt hat sich gewendet und ich frage mich manchmal, wer von uns eigentlich Gedächtnisprobleme hat.

Theo lässt nicht damit nach, sich wieder und wieder zu fordern. Immer noch macht er Gedächtnistraining, wenigstens einen kleinen Text pro Tag, egal, was. Als Delia ihn einmal beiläufig fragt, welche Bibelstelle er sich gerade einzuprägen versuche, sagt er: „Nö, heute lerne ich eine Salatsauce auswendig." Und er ist glücklich, wenn er sich selbstbewusst und neu in Situationen erlebt, die früher der Garant dafür waren, bestenfalls peinlich, schlimmstenfalls katastrophal und ganz sicher holperig abzulaufen:

Theo   Letzte Woche meldete sich eine Kollegin aus Hannover bei mir, die jetzt an unseren Standort versetzt wird. Sie fragte, ob ich ihr einen Schlüssel geben könne, damit sie sich ihr neues Büro schon mal angucken könne. Heute Morgen kam sie, begrüßte mich und sagte, sie sei die Kollegin von letzter Woche. Früher hätte ich mich garantiert nicht an sie erinnern können, wäre mir blöd vorgekommen und hätte vielleicht etwas Unpassendes gesagt. Jetzt waren wir sofort auf Augenhöhe. Heute habe ich keine Angst mehr davor, dass mich im Laufe des Tages etwas Unvorhersehbares herausfordert oder blamiert.

Sosehr Theo wieder Lust auf Leben hat – ein Unterhaltungskünstler ist er nicht geworden. Er ist nicht laut, spielt sich nicht in den Vordergrund, hat so überhaupt keine Hoppla-hier-komm-ich-Attitüde. Aber er wirkt präsent, und das ist das Wichtigste für Ute.

Ute   Theo hat seinen Zuschauerplatz dennoch nicht verlassen. In seinem neuen Leben hat er die Rolle des bedachten, stillen Beobachters eingenommen. Ich kann es noch nicht so recht unterscheiden, was Rückzug und was bewusstes Sich-zurücknehmen ist. Offenbar gehört dies einfach zu seinem Charakter. Oft merke ich erst später, wenn wir zum Beispiel nach einem Treffen mit Freunden noch mal über den Abend sprechen, dass er sehr wohl die Diskussionen verfolgt und sich Gedanken macht. Oder dass er an unserem Familienleben mit großer innerer Nähe teilnimmt. Aber bitte nicht zu stressig und hektisch. Die Dinge in aller Ruhe angehen, das ist seine Einstellung. Manches ist ihm zu anstrengend, deshalb verteilen wir unsere Aufgaben, je nach Vorliebe, aber das ist jetzt unsere freiwillige und vor allem gemeinsame Entscheidung.

Nicht nur der Alltag wird neu organisiert und füllt sich mit neuem Leben. Auch ihre Beziehungsstruktur, die sich seit 1975 mehrmals geändert hat, ist in Wandlung begriffen. Wie immer, wenn sich die eingefahrene Rollenverteilung zwischen zwei

Menschen ändert, weil einer seinen Part abgibt. Theo ist nun nicht mehr hilflos, er wird zusehends eigenständig, ist euphorisiert von all den Erlebnissen, um die sein Leben nun reicher wird. Ute ist begeistert und durchaus irritiert. Eine neue Dynamik entsteht.

Ute Wer hätte gedacht, dass Streiten nützlich und reinigend sein kann? Wir waren in all den Jahren nicht in der Lage dazu, uns zu reiben und Themen auszudiskutieren. Ich habe es so vermisst. Jetzt kommt Theo mit eigenen Ideen, Vorstellungen und Wünschen. Die gefallen mir durchaus nicht immer.

Die einfachsten Dinge kommen mir manchmal wie Meilensteine vor. Theo erstellt sonntags einen Wochenspeiseplan, fragt mich, was ich essen möchte, macht Vorschläge, schreibt eine Einkaufsliste, kauft ein und kocht dann für uns. Ohne Pannen und lecker!

Oder er hat Lust, mit mir den nächsten Urlaub zu planen. Wir sprechen bei einem ausgedehnten Wochenendspaziergang darüber, und dann überrascht er mich direkt am Montagabend damit, dass er sofort einen Reiseführer und Kartenmaterial gekauft und schon mit der Routenplanung angefangen hat. Dann wieder sucht er sich eigene Projekte, will unsere Fotosammlung digitalisieren oder Tomaten auf dem Balkon züchten. Er plant, er denkt über den Moment hinaus. Und er schärft mir ein, dass ich mich melde, wenn ich gut im Büro angekommen bin. Manchmal muss ich direkt lachen: Da steht der Mann, um dessen Wege ich mich jahrelang gesorgt habe, vor mir und sorgt sich um mich? Unglaublich!

Aber uns wird auch schnell klar: Es ist gar nicht so leicht, eingefahrene Verhaltensmuster abzulegen. Muster, die wir über ein Vierteljahrhundert gestrickt und gehütet haben. Theo lässt sich immer noch gern von mir organisieren; und ich will ihm manchmal immer noch zu viel abnehmen.

Auch heute ermüdet Theo schnell und schützt sich vor Reizüberflutungen. Er ist gut darin, sich Freiraum für Erholung und

Entspannung zu schaffen. Das ist im Übrigen etwas, was ich von Theo lernen kann und will.

Es ist dennoch oftmals schwer, nicht in alte Rollenmuster zurückzufallen. Wenn die Mädchen uns besuchen, erinnern sie mich oft daran. Vor allem Sara und Timna sagen immer wieder: „Mama, das kann Papa allein." Und sie sehen mehr als ich, dass Theo gelegentlich dazu neigt, es sich zu einfach zu machen. Darin soll und will ich ihn nicht unterstützen.

Dass Theo inzwischen ein enormes Tempo vorlegen kann, demonstriert er Ute eines Tages aufs Eindrucksvollste und mit qualmenden Reifen: Der 2CV hatte vor ein paar Tagen auf dem Weg zur Arbeit gemuckt, Theo hatte den Wagen sicherheitshalber auf dem Parkplatz stehen lassen. Nun kommt er mit Ute im Familienauto an und will die Ente nach Hause fahren. Zwar hat er Batterie, Sicherungen und Spannungsregler ausgetauscht, aber die Batterieanzeige schlägt nicht aus. Sicher ist sicher, Ute soll ihm einfach folgen. Sie sprechen noch kurz ab, welchen Weg sie nehmen, und los geht's, Theo fährt vor, Ute hinterher.

Ute   Auf der Autobahn schafft er Enten-Höchstgeschwindigkeit, überholt LKWs, und ich muss mich anstrengen, an ihm dranzubleiben. Ohne groß abzubremsen, fährt er die erste Abfahrt herunter. Plötzlich ist vor uns eine Umleitung, und damit Theos Plan, hier abzukürzen, dahin. Aber statt anzuhalten, saust er ungebremst in den Kreisverkehr, wobei die rechte Seite der Ente fast über die Fahrbahn schleift. Rasant lenkt er aus dem Kreisel heraus, ignoriert einen Blitzer und fährt mit gleichbleibend hoher Geschwindigkeit ins nächste Dorf. Dort wendet er flott und saust die Strecke wieder zurück auf die Autobahn, direkt in die einspurige Baustelle, die er eigentlich umgehen wollte. Ich habe alle Mühe, hinter der wild gewordenen Ente zu bleiben. Die hat zwar einen großen Wendekreis, ist aber in Kurven unschlagbar. Und was hat er überhaupt vor? Warum rast er wie ein Besinnungsloser vor mir her? Nicht mal das Licht hat er in der Abenddämmerung eingeschaltet. Und ständig fährt er über der Richtgeschwindigkeit. Das ist mir hier zu nervenaufreibend, ich gehe vom Gas und zuckle vorschriftsmäßig nach Hause. Die Ente verliere ich nach wenigen Sekunden aus den Augen. Erst vor unserer Haustür treffen wir uns wieder. „Was war das denn, Theo? Was hattest du vor? Du bist die ganze Zeit zu schnell gefahren! Hast du den Blitzer nicht gesehen?" Seine Antwort ist so lakonisch wie früher: „Ich wollte nur schnell nach Hause, solange die Ente läuft ... Hat doch geklappt!" Ich muss noch länger über unser Enten-Abenteuer nachdenken: Hat sich Theo in all den Jahren so gefühlt wie ich mich gerade? Hat er ständig versucht, mir auf den Fersen zu bleiben? Oft verlor er mich ja tatsächlich aus den Augen, weil ich immer zu schnell für ihn war.

Ist Theo jetzt ganz geheilt? Ich denke schon. Erst jetzt, nachdem ich Theos Aufzeichnungen aus jener Zeit lesen durfte, verstehe ich annähernd, wie es ihm ging in all den Jahren. Dass er so vieles tatsächlich nicht konnte, haut mich um. Und ich schäme mich dafür, dass ich manches Mal dachte, er mache es sich ganz schön einfach.

Aber warum er mir nie anvertraut hat, wie es ihm geht, kann ich nicht verstehen. Das hätte doch so vieles leichter gemacht.

Was hat Theo geheilt? Wie ist dieser Ikea-Moment zu erklären, einfach so, ohne äußeren Anlass? Ein übervolles Möbelhaus scheint doch für jemanden mit Theos Krankheit der letzte Ort für solch ein bahnbrechendes Ereignis zu sein. 25 Jahre lang fühlte er sich wie ein Mensch, der auf dem Bahnsteig eines Provinzbahnhofs steht und versucht, einen vorbeirauschenden ICE klar zu erkennen. 25 Jahre lang war ihm die Welt zu schnell, laut, bunt, zu anstrengend. Und damit genau das Gegenteil von dem Ort, den er im Koma gesehen hat: ruhig und von aller irdischen Last befreit. 25 Jahre lang hat er sich an dieser Erfahrung abgearbeitet, hat tapfer und ehrgeizig versucht, im Leben wieder Fuß zu fassen und annähernd mithalten zu können, doch der Wunsch nach Ruhe blieb seine zentrale Sehnsucht.

Es scheint beinahe so, als sei Theo im August 2007 einem inneren Impuls gefolgt. Als sei er nach 25 Jahren endlich bereit, sich ganz der Welt mit ihren Geräuschen, Farben und ihrer Schnelligkeit zu stellen. Sich den Reizen bewusst wieder auszusetzen – und zwar gleich so richtig, inmitten des Samstagswahnsinns bei Ikea. Hat Theo wirklich 25 Jahre lang Anlauf genommen, um diesen letzten Schritt zu gehen? Hat er 25 Jahre gebraucht, um endgültig „Ja" zum Leben zu sagen? Er selbst kann es nicht erklären und sagt, es sei einfach passiert. Von jetzt auf gleich war plötzlich alles anders.

Auch neurophysiologisch ist nicht abschließend zu klären, was da im August 2007 geschah. So wie Theo in der ersten Phase seiner Heilung hin und wieder plötzlich Erinnerungen an seine Vergangenheit hatte und auf Nachfrage erfuhr, dass sie stimmten, kommt jetzt die Fähigkeit zurück, soeben Erlebtes zu speichern und zu erinnern. Auf einmal ist es da, das Wiedererkennen des Augenblicks. Als sei eine Meereswoge vom Boden des Ozeans an die Wasseroberfläche geschwemmt worden.

In den 25 Jahren ohne Kurzzeitgedächtnis gab es immer wieder Momente, die glatter liefen als andere. Und natürlich bleibt die Frage, ob manche Situation deshalb so reibungslos verlief, weil Theo Lust drauf hatte. Wie sonst ist es zu erklären, dass er es vor einem Ausflugswochenende („Oh je, auf die Autobahn mit den Mädchen, und dann ein Wochenende lang mit anderen Familien unterwegs, das ist mir viel zu viel Trubel, und mein Sofa ist so weit weg") nicht schafft, tanken zu fahren und stattdessen einfach auf der Couch einschläft. Andererseits ist er zu dieser Zeit aber gedanklich schon so mobil, das komplexe Projekt einer ISDN-Anlage mit Anschlüssen in fünf Zimmern umzusetzen („Die Anrufe nerven, ich will meine Ruhe, ich muss eine Lösung finden"). Konnte Theo sein Handicap quasi bei Bedarf ausheben?

Doch selbst dann bleibt die Frage, warum er ausgerechnet im Jahr 2007, in einer Phase ohne besondere äußere Anlässe, plötzlich bereit ist für die Welt mit all ihren Reizen. Vielleicht erscheint ihm das normale Leben, anstrengend und bunt, wie es ist, plötzlich reizvoller. Vielleicht hatte er einfach endlich Lust, sein Außenseiterdasein zu beenden. So ganz werden wir das nie erfahren und verstehen.

Für Ute ist es, bei all ihrer Bodenständigkeit, die Einlösung des göttlichen Versprechens. Sie hat im Gebet die Zusage erhalten, Theo werde wieder ganz gesund, und jetzt ist es tatsächlich so gekommen. Natürlich glaubt sie nicht, dass Gott mit dem Finger schnipste und Theo das Kurzzeitgedächtnis zurückgab, aber durchaus, dass er Theo den Impuls gab, ganz ins Leben zurückzukehren. Letztlich ist ihr die Frage „Warum genau?" auch nicht so wichtig: Theo ist wieder ganz gesund.

20
Ein Sonntag im Mai

Wer in der Rush-Hour des Lebens unterwegs ist, kommt nicht groß dazu, Bilanz zu ziehen. Kinder, Beruf, Haushalt, Freunde, damit ist der Alltag ausgefüllt. Ute und Theo haben inzwischen sogar schon eine Enkeltochter. Und wie soll man auch das Besondere, die Brüche und die Konstanten des eigenen Lebens bewerten? Es kommt einem doch alles so folgerichtig und klar vor. Selbst zwei Menschen, die eine so besondere, eine so unglaubliche Geschichte haben. „So war's halt bei uns."

„Warum ist alles so gekommen? Wie waren wir früher? Wie sind wir jetzt?" – solche Fragen haben im Alltag schlichtweg oft keinen Platz. Sie tauchen auch bei den Jägers erstmals auf, als Theo seine Aufzeichnungen 2009 als Buch veröffentlicht. Kurz nach dem Ikea-Erlebnis im August 2007 setzt sich Theo mit neuem Tatendrang an seine Texte, die er über Jahre hinweg mühsam mit dem Ein-Finger-Suchsystem getippt hatte. Jetzt spürt er die nötige geistige Klarheit, sein Manuskript zu sortieren, Wichtiges von Unwichtigem zu trennen, Wiederholungen zu streichen und die einzelnen Erlebnisse chronologisch zu ordnen. Von Ute oder den Töchtern lässt er sich weiterhin nicht über die Schulter schauen; sie sollen ihm da nicht reinreden und sagen: Das war aber doch ganz anders. Denn er traut seiner Wahrnehmung immer noch nicht so ganz. Immerhin: Er bittet einen Freund, es zu lesen, und sucht sich schließlich einen Verleger. Der antwortet prompt und will Theos Buch veröffentlichen. Allerdings muss Theo zunächst den Druck finanzieren.

Dennoch: Was für ein Auftrieb für Theos Selbstbewusstsein! Und was für ein Schock für Ute:

Ute Seit seiner Reha-Zeit hat Theo immer wieder Dinge auf- geschrieben. Was, hat er mir nicht zeigen wollen. Ich habe das Gefühl, es ist mit Scham behaftet. Außerdem will er wohl auch vermeiden, dass ich ihm reinrede. 25 Jahre lang hat er erzählt, dass er ein Buch schreibt, aber niemand rechnete mehr damit. 2008 steht er plötzlich vor mir, drückt mir das komplette Manuskript in die Hand und sagt: „Ich habe einen Verlag für mein Buch. Guck doch mal, ob die Fakten stimmen, die brauchen das Skript nächste Woche." Was? Ich fühle mich überfahren. Jetzt, auf einmal, soll ich es lesen. So schnell?

Vor mir öffnet sich die skurrile Welt eines Mannes, der in der drit- ten Person über sich berichtet und damit zu sich selbst auf Distanz geht. Wie ein ferner Beobachter. Er hat es extra noch einmal um- geschrieben, die Ich-Form der ursprünglichen Notizen war ihm zu nah, zu belastend. Jetzt, wo ich rückblickend in seine Erlebniswelt schauen darf, bin ich geschockt und völlig überfordert. So schlecht ging es ihm also? So wenig hat er tatsächlich an unserem Leben teil- genommen? So unverständlich war ihm vieles, was um ihn herum passierte? Und so unklar war ihm vor allem sein Platz in unserer Mitte und sein Platz im Leben überhaupt? Warum hat er mir in all den Jahren nie etwas darüber verraten? Es hätte mir sehr geholfen, geduldiger zu sein.

Vieles vermisse ich in seinen Aufzeichnungen, aber es sträubt sich in mir, sie zu ergänzen. Dies hier ist seine Wahrnehmung.

Unterschiedliche Erinnerungen gehören zu jeder langen Be- ziehung, aber nun Schwarz auf Weiß zu lesen, dass man über ein Vierteljahrhundert hinweg trotz aller äußerer Gemeinsam- keiten in nahezu hermetisch voneinander getrennten Welten lebte und keine Vorstellung hatte, wie es dem Partner tatsäch- lich ging, verstört Ute. Sie hat nicht gewusst, wie Theo die Welt wahrnimmt, wie stark ihn das Leben überfordert. Es macht ihr außerdem ein schlechtes Gewissen, ihn so oft nicht geschont zu haben. Ute wird eigentlich erst jetzt klar, was für eine große Herausforderung dieses Leben für Theo war.

Hinzu kommen später die Fragen der Presse. Zwei Wochen nach dem Erscheinen von Theos Büchlein „Vom Sterben zurück" ruft die Redaktion von „Plasberg persönlich" an, es folgen u. a. „Stern TV" und weitere Talkshows. Abgesehen von der Aufregung, öffentlich die eigene Geschichte zu erzählen, sind es die Fragen, die vor allem Ute perplex machen. Fragen, die sie sich in all den Jahren nie gestellt hat. „Muss man sich neu lieben lernen?" – „Gab es einen Moment, wo Sie aufgeben wollten?" Ute antwortet spontan, doch im Nachhinein geht sie ihren Worten noch Tage nach den Auftritten gedanklich hinterher. Wie war das eigentlich genau? War meine spontane Antwort die richtige?

Auf die Talkshow-Auftritte folgen Zuschauerzuschriften. Mit einigen Absendern wird der Kontakt kurzzeitig intensiver, mit anderen telefonieren Jägers. Oft sind es Angehörige von Betroffenen, die Ute immer wieder die Frage stellen, „Wie haben Sie das geschafft? Woher haben Sie die Kraft genommen?"

Ute Mir fällt auf, wie sehr ich all die Jahre mit dem Überleben beschäftigt war. Es galt den Augenblick zu leben, anstehende Probleme zu lösen, sich Kraft für akute Situationen zu holen. Aber auch die Freude festzuhalten. Die Fragen, die mir gestellt werden, habe ich mir größtenteils in all den Jahren nicht gestellt. Ich hatte aufgehört, Zukunft zu planen, wusste um den Wert der Gegenwart, den Wert, den geliebten Menschen bei mir zu haben. Ich stelle fest, unsere vergesslichen Jahre waren alles andere als langweilig und oberflächlich. Das Leben war intensiv, ausgefüllt mit Freude und Schmerz, Höhen und Tiefen. So ergeht es anderen Menschen auch, deshalb finde ich es normal. Viele Menschen machen viel, viel schlimmere Dinge durch. Ich habe mich auch nie gefragt, ob ich Theo neu lieben lernen muss. Es hat mich eher zornig und ärgerlich gemacht, wenn ich

mich schwertat, mit den veränderten Umständen umzugehen. Ihm
gegenüber liebevoll, verständnisvoll zu sein. Was mir fehlte, war der
„starke Arm", der Halt und Schutz des Partners. Ein Gegenüber,
das sich mir mitteilt, sich mit mir reibt, mit mir diskutiert, mit mir
träumt und plant, auf den ich mich verlassen kann. Vielleicht kann
man sagen, dass Gott in all den Jahren, in denen Theo mir kein
gleichwertiger Partner sein konnte, dieser starke, tröstende Arm ge-
wesen ist, den ich auf meinen Schultern spürte. Heute fühle ich mich
doppelt umsorgt – von Gott und von Theo.

Es ist Frühling 2014. Theo sitzt am Steuer, Ute auf dem Beifahrersitz. Ihr Ziel ist Hessisch Oldendorf. Kurz vor Hameln stoßen sie auf die B 83. Ab hier ist es der gleiche Weg wie damals,
als Ute mehrmals wöchentlich von Höxter in die Reha-Klinik
fuhr. Vor über 30 Jahren. Wie viel ist seit jener Zeit passiert;
wie fühlt es sich jetzt an, diesen Ort noch einmal zu besuchen?
Wie hat es sich damals angefühlt? Und natürlich erinnert dieser Moment auch an die letzte Autofahrt, die Ute und Theo an
jenem Sonntag im Mai 1982 mit Sara auf dem Rücksitz unter-
nahmen, am Tag, bevor sich ihr Leben schlagartig änderte. Sie
waren jung und strotzten vor Lebenslust und Glück; jetzt hängt
jeder seinen Gedanken nach. So viel Zeit ist vergangen seit jenen dramatischen Wochen. Mehr als ein Vierteljahrhundert,
gefüllt mit Alltag, Arbeit, Familienleben, Urlauben und Todes-
fällen. Vieles ist verblasst, von stärkeren Eindrücken überdeckt,
anderes absolut präsent.

Über der Neurologischen Klinik in Hessisch Oldendorf liegt
eine verschlafene Stille. Am Wochenende sind etliche Patienten zu Hause. Die Anlage kommt ihnen ebenso verwinkelt vor
wie damals. Es gibt überall Nischen und Sitzecken, das Haupt-
gebäude ist derzeit eine Baustelle. Zwar ist es erst kurz nach
elf Uhr, doch vor der Kantine warten bereits die ersten Patienten auf Einlass, der typische Essensgeruch von Großküchen
liegt in der Luft. Wir sind Zaungäste, bangen hier nicht um

Angehörige, doch die Stimmung von Sorge und Eintönigkeit ist auch für uns spürbar.

Mit dem Wissen, dass ihre Geschichte gut ausgegangen ist, fühlen sich Ute und Theo so anders als damals. Kurz kommen Empfindungen von damals hoch. An der Parkplatzausfahrt sagt Ute: „Wie froh war ich immer, wenn wir hier freitags rausfuhren, um Theo übers Wochenende nach Hause zu holen."

Theo steht gebannt vorm Schwarzen Brett, wo Zeitungsausschnitte mit Berichten von ehemaligen Patienten hängen: In einem Lokalblatt erzählt ein Vierzigjähriger, der bei seiner Mutter lebt, stolz: „Ich habe zurück ins Leben gefunden." Theo ist fassungslos, so kann es also auch gehen. „Das gibt's doch nicht, der lebt noch bei seiner Mutter. Wäre ich damals noch nicht verheiratet gewesen und meine Mutter hätte sich um mich gekümmert, wäre ich sicher auch nicht so weit gekommen. Sie hätte wahrscheinlich viel zu viel Rücksicht genommen." Sosehr Theo sonst auch immer mal wieder damit hadert, nicht leistungsfähig genug zu sein, in diesem Moment ist er stolz, wie weit er es gebracht hat. Und dankbar, wie gut es das Leben mit ihm gemeint hat. Es hätte auch anders kommen können.

Die rasierten Köpfe der Patienten mit ihren gigantischen Zickzacknarben, blutverkrustet und mit Jodflecken, der schwere Essensgeruch, die mal dumpfen, mal hysterisch fröhlichen Gesichter sind erdrückend, selbst wenn man keine Angehörigen hier hat. Und dann kommt doch noch der Moment, in dem alles plötzlich so ist wie damals. Ein höchstens 25-jähriger Mann schlurft den Gang entlang, sein rechtes Bein knickt ihm bei jedem Schritt weg. Wie eine junge ungelenke Giraffe, nur nicht annähernd so niedlich. Ute muss sich abwenden und flüstert: „Genau wie Theo damals!" Tränen schießen ihr in die Augen. Sie sagt: „Ich weiß noch, einmal habe ich Theo über den Kopf gestreichelt und merkte, die Haarstoppeln werden weicher.

Komisch, das war damals für mich ein Moment der Hoffnung, ich dachte, jetzt geht die Heilung voran." Plötzlich fühlt Ute wieder, wie unklar die Zukunft damals vor ihr lag, wie sehr Theos Gehirnblutung ihr erst einmal alle Pläne für ihr weiteres Leben genommen hat und wie sie sich dann mühsam, Schritt für Schritt, an die kleinen Zeichen der Genesung klammerte.

Was bei unserem Besuch in Hessisch Oldendorf aber auch ganz klar wird: Utes Instinkt, Theo so oft wie möglich von hier wegzubringen, ihn ins wirkliche Leben mitzunehmen, das hat ihm geholfen. Sie hat ihn nicht geschont, sie hat ihm Reizüberflutung, Stress und kaum zu bewältigende Aufgaben zugemutet. Und genau das hat ihn in seiner Heilung vorangebracht. Dieser Zusammenhang wird ihr tatsächlich erst jetzt klar; damals, mit Mitte 20, hat sie einfach aus ihrem Gefühl heraus so gehandelt. Sie hatte die richtige Intuition.

Ute *Gelegentlich denke ich darüber nach, wie ich so unbeschwert an vieles herangehen konnte. Manches war sicherlich sogar grenzwertig leichtsinnig. Ich war einfach noch sehr jung und hatte nicht nur diesen kindlichen Wunsch, dass alles gut werden wird, sondern auch starkes Vertrauen in Gott. Wäre ich heute in der Situation, käme vielleicht die zunehmende Gelassenheit des Alters zum Tragen, gepaart mit der Erfahrung aus meiner jahrzehntelangen Freundschaft mit Gott.*

Theo geht der Klinikbesuch emotional nicht so nahe. Er ist nur erstaunt, wie übersichtlich das Gelände ist. Fast familiär kommt es ihm gerade vor. Unglaublich, dass er sich hier einmal nicht zurechtgefunden hat. Die Bilder von damals und heute decken sich nicht in seinem Kopf, es ist kein wirkliches Wiedererkennen, denn damals war alles für ihn so viel monströser und verwirrender. Doch als wir im Fahrstuhl zur Kantine hochfahren, sagt er grinsend: „Stinkt immer noch!" Theo-Humor.

Nachmittags im Hause Jäger. Der Tag hat Erinnerungen freigegeben. Ute sitzt am Esstisch und schaut auf das alte, schwarze Klavier. Das gleiche, das seinerzeit bei Theos Eltern stand und auf dem er ihr „Love Story" vorspielte. Es passt in die Stimmung des Tages, dass Ute sich ausgerechnet heute daran erinnert, wie sie damals dahingeschmolzen ist. „Was war unsere Liebe damals noch für ein zartes Pflänzchen, heute fühlt es sich anders an: robuster, widerstandsfähiger." Theo spielt kaum noch und das haben die Jäger-Frauen verschuldet. Es hat sie einfach nur genervt, wenn er regelmäßig in den unpassendsten Momenten steif und abgehackt und vor allem ohne jegliches Rhythmusgefühl oder den Hauch von Dynamik vor sich hin übte. Immer und immer wieder blieb er wie eine Schallplatte mit Sprung an derselben Stelle hängen.

Als Theo jetzt ins Zimmer kommt, fragt Ute ihn, ob er sich noch an damals erinnert. „Ja klar, weiß ich das!", sagt er. Auch das ist anders: Wenn er ihr das heute antwortet, ist Ute sicher, er weiß es wirklich. Und dann bittet Ute Theo für sie „ihr Lied" zu spielen. Genau wie damals windet er sich erst mal, wagt es dann aber doch. Es klingt holprig, doch er versucht es weiter. Der Ehrgeiz scheint ihn richtig zu packen und er verkündet „Ich werde es stimmen lassen." Tatsächlich sollen keine zwei Wochen vergehen und das Klavier ist neu gestimmt. Theo übt fleißig, meistens, wenn Ute noch arbeitet.

Ute   Dann spielt er eines Sonntags und ich traue meinen Ohren nicht, offenbar hat er jeden Tag geübt, wenn ich noch bei der Arbeit war. Jetzt klingt es auf einmal viel flüssiger als in den Jahren zuvor! Wie gut, dass mein Theo einfach nicht aufgibt!

Im Grunde läuft so unser Leben seit dem Mai 1982. Theo versucht es weiter und weiter, wieder ins Leben zu kommen. Trainiert, übt, wiederholt. Und auch ich muss immer wieder üben, mich auf ihn und seine Möglichkeiten einzulassen, egal, wie holprig es gerade läuft.

Und so wie „Love Story" jetzt mit einer ganz anderen Leichtigkeit durchs Zimmer klingt, ist auch unsere Beziehung heute. Wir gehen ganz anders miteinander um, auch wenn wir gelegentlich über alte Verhaltensmuster stolpern. Es ist so schön, nach 40 Jahren Beziehung noch auf dem Weg zu sein und an seiner Liebe zu arbeiten. Unabhängig davon, wie alt wir sind und unter welchen Bedingungen wir leben. Vielleicht werden wir künftig noch mehr davon verstehen, wie Leben aus Gottes Sicht gemeint ist.

Ich habe im Laufe der Jahre eine Ahnung davon bekommen, dass in allen grundlegenden Lebenselementen ein tieferer Sinn liegt, der meine Vorstellungen oft genug übersteigt. Doch es macht mich neugierig auf mehr. Und darin liegt vielleicht auch das Geheimnis von Theos Genesung. Leben ist mehr als gehen, sprechen, schreiben, rechnen, lesen, sich erinnern können. Auch als er das alles nicht konnte, haben wir miteinander gelebt und uns geliebt.

Deshalb fühlt es sich auch nicht an wie ein Happy End. Ja, Theo ist wieder gesund und es vergeht tatsächlich keine Woche, in der ich dafür nicht dankbar bin. Gerade am Wochenende, wenn wir gemeinsam frühstücken. Dann haben wir Zeit, Theo erzählt von der Woche, fragt mich nach meinen Erlebnissen, nimmt Anteil, wenn ich mich an Dingen aufreibe, oder berichtet mir, worüber er sich Gedanken macht. Aber es ist eben kein Ende, sondern wir haben ja gerade erst wieder neu angefangen.

Wenn die Kinder an den Feiertagen bei uns sind, wird es Theo manchmal zu viel. Die drei Mädchen, unser lebhaftes Enkelkind, die Schwiegersöhne – dann schleicht er sich immer mal wieder die Treppe hoch und legt sich in seinem Zimmer aufs Sofa. Aber er gibt uns nicht mehr das Gefühl, er entziehe sich aus Desinteresse an uns; wir wiederum akzeptieren, dass ihn zu viele Menschen ermüden. Und das wilde Gegacker und Gequatsche von uns Frauen sowieso.

Theo ist nach wie vor sehr bescheiden, wenn er über sein Leben spricht. Ist er anspruchslos? Oder einfach dankbar für das, was er erreicht hat, weil er weiß, dass das nicht selbstverständlich ist. Seine Bilanz:

Theo Ich genieße, dass ich mich bewegen kann, normal laufe und keine Schmerzen habe. Und ich freue mich, wenn meine Töchter und Schwiegersöhne anrufen und fragen, wie es mir geht. Dass sie sich für mich interessieren. Wenn wir am Wochenende zusammen sind, Ute und ich, Zeit haben und uns von der Woche berichten, bin ich glücklich. Manchmal wundere ich mich, dass wir immer noch zusammen sind. Es ist nicht schön zu wissen, dass man dem anderen zur Last fällt, deshalb habe ich auch heute manchmal noch Angst, dass sie irgendwann doch geht. Denn so ganz zufrieden ist meine Familie immer noch nicht mit mir, das weiß ich.

Ja, Theo liefert auch heute noch Nachschub für die Jägersche Anekdotensammlung. Dann rollen die jungen Frauen wieder die Augen und rufen „Ach, Papa!" Aber das hat heute weniger den genervten als einen liebevollen Zungenschlag.

Ostersamstag 2014 – die drei Töchter sind angereist, um mit ihren Eltern zu feiern – klingelt es an der Tür. Zwei riesige Pakete werden geliefert. Theo weiß genau, was er bestellt hat, ist aber ein bisschen irritiert, warum es zwei große Pakete sind, er hat nur eins erwartet. Sofort stürmen die Jäger-Frauen herbei, umringen Theo und die Ware und wollen wissen, was drin ist. Ihm ist das gar nicht recht, er wollte seine Idee von einem Gewächshaus auf dem Balkon lieber ohne große innerfamiliäre Diskussionen in die Tat umsetzen. Am liebsten Ute eines Tages mit selbst gezogenen Tomaten am Abendbrottisch überraschen. Nun rückt er mit der Sprache heraus. Ute fällt aus allen Wolken: Wo soll das denn bitte hin passen? Schließlich steht da schon der neue Grill und ausreichend Platz zum Sitzen brauchen wir doch auch noch. Und vor allem: Warum bespricht er das nicht vorher mit ihr? „Ich brauche das", ist seine lapidare Antwort auf die ganze Aufregung. Was soll man darauf antworten? Während Ute noch vor sich hin schmollt, nimmt Sara den Computer, googelt das Produkt, zeigt ihrem Vater die Maße – „Papa, überleg doch mal, 1,90 Meter mal 0,90 Meter!" Dann eine Kundenrezension mit einem Bild: Das Häuschen ist nach einem Tag zusammengekracht. Alle lachen. Und Theo? Der lacht mit. Heute geht es nicht mehr darum, dass er vergisst, was er tut. Es ist ihm auch nicht peinlich, dass er aus Versehen mit einem Mausklick zu viel gleich zwei dieser Schrottteile gekauft hat. Das kann jedem passieren. Die Panne mit dem doppelt bestellten und augenscheinlich minderwertigen Gewächshaus muss man nicht unter Theos Unvermögen verbuchen, sondern unter einer momentanen Unkonzentriertheit. Ein wenig ist sie natürlich auch seinem Starrsinn geschuldet, unbedingt die Idee des Gärtnerglücks auf dem Balkon durchsetzen zu wollen – auch wenn er Utes Protest geahnt haben mag. An ihren kritischen Fragen will er sich dann gern vorbeimogeln. Dass das nicht immer gelingt, nimmt er sportlich: Fragt man ihn, was aus dem Projekt Gewächshaus geworden ist, grinst er Ute an und sagt schelmisch: „Die Baugenehmigung wurde nicht erteilt. Aber die ersten zwei Tomaten, die ich im Sommer geerntet habe, die hat sie natürlich gegessen."

Konflikten stellt er sich immer noch nicht gern, Position beziehen ist nicht seine Sache. Egal, ob bei politischen oder familiären Angelegenheiten. Sagt einer seine Meinung, stimmt er zu, hat ein anderer den gegenteiligen Standpunkt, stimmt er auch zu. Aber dieses konfliktscheue Wesen, das er ein bisschen sicher auch schon vor dem Koma war, hat ihn letztlich auch durch die 25 Jahre gerettet. So eckte er kaum an und die Leute mochten ihn als netten Typen, als freundlichen Kauz.

Sicher ist Theo ein bisschen menschenscheu. Vor allem um Hilfe bittet er auch heute noch ungern. Nach dem Weg fragen? Niemals. Lieber stundenlang umherirren. Das regt seine Töchter auf, die aber inzwischen verstehen, dass das aus der Zeit kommt, in der er sich ständig hilflos fühlte und manch schrägen Blick für seine Fragen kassierte. Überhaupt neigt er dazu, sein Licht unter den Scheffel zu stellen. Dass im Ruderklub Vorstandsvorsitzende und leitende Manager ganz unkompliziert mit ihm umgehen und ihn ohne Dünkel als gleichwertigen Kameraden ansehen, beeindruckt Theo. Das ist rührend bescheiden, aber in gewisser Weise auch ein Schlüssel zum Überleben gewesen. Wäre er weniger demütig veranlagt, wie hätte er in den 25 Jahren jeden Tag aufs Neue ausgehalten, so unerträglich eingeschränkt in all seinen Möglichkeiten zu sein?

Ute beglückt vor allem, dass sie wieder einen Partner auf Augenhöhe hat. Und oft genug kommt es auch heute noch vor, dass sie fassungslos ist, wie fürsorglich und vorausschauend Theo ist.

Ute   *Diese Woche ist im Büro enorm viel los. Ich komme jeden Abend später als gewohnt nach Hause und falle direkt nach dem Abendessen ins Bett. Heute ist Donnerstag, da geht Theo abends rudern. Also werde ich mir eine Stulle schmieren und versuchen, wenigstens bis zu den 20-Uhr-Nachrichten wach zu bleiben.*

Als ich nach Hause komme, traue ich meinen Augen nicht. Theo ist da, hat den Tisch gedeckt, Kerzen angezündet und es riecht nach gebratenem Knoblauch und Gewürzen. Total heimelig. Theo sagt ganz einfach: „Ach, ich dachte, es wäre doch nicht schön für dich gewesen, nach so einem Arbeitstag nach Hause zu kommen – keiner da und kein Essen auf dem Tisch ...!" Mir schießen Tränen in die Augen. Theo so zu erleben, Herr seiner selbst, klar und selbstbewusst in dem, was er tut, worüber er nachdenkt. Einer, der überlegt, was mir guttun würde. Ich hatte mich von dieser Fürsorge, die ich doch von ihm aus jungen Jahren kenne, regelrecht entwöhnt.

Selbst in den ersten Jahren nach 2007, als die Kinder noch zu Hause wohnten, kam durch alle Geschäftigkeit, Ablenkung und Turbulenzen unseres Alltags zu kurz, wie viel vom Ursprungs-Theo tatsächlich freigesetzt worden ist. Unsere heutige Zweisamkeit, ohne den Trubel mit den Mädchen, eröffnet ihm offenbar größeren Raum, sich auszuprobieren und zu präsentieren. All die Jahre war er nicht dazu in der Lage, sich in jemanden hineinzuversetzen und vorausschauend zu denken. Auch jemanden zu umsorgen gelang ihm kaum, selbst wenn er uns deutlich machte, dass er es gern täte. Es kam dann einfach immer sehr hölzern rüber und war meist nicht pannenfrei.

Ich dachte, ich hätte mich an dieses Defizit in meinem Leben gewöhnt, doch jetzt bin ich derart überwältigt von Theo, der mich mit seiner liebevollen Zuwendung und Fürsorge einnimmt, dass mir die Tränen übers Gesicht laufen.

Auch den Rest der Familie begleitet er mit aufrichtigem Interesse. Er hat jetzt wieder die gedanklichen Kapazitäten frei, sich um andere zu kümmern. „Hast du etwas von Sara und Amelina gehört? Geht es Timna wieder besser? Hat Timm seine Prüfung bestanden? Wann kommt Delia bei uns vorbei? Ich habe meine Schwester angerufen und soll dich grüßen ..." Es ist immer wieder unglaublich für mich, mir diese Fortschritte klarzumachen!

Auch heute, immerhin acht Jahre nach dem Ikea-Schlüsselmoment, kommt es vor, dass Theo den Rest der Familie überrascht, wie sehr er mitdenkt. Kürzlich übernachtet Delia bei Ute und Theo. Als sie morgens frühstücken will, sind ihre Eltern schon bei der Arbeit. Sie findet neben der bereitgestellten Kaffeetasse 20 Euro. Sofort ruft sie Ute an: „Hast du mir Geld auf den Tisch gelegt?" – „Welches Geld? 20 Euro? Nein, das muss Papa gemacht haben." – „Aber wofür nur?" Mutter und Tochter rätseln, bis schließlich einer der beiden einfällt, dass Delia für Theo kürzlich eine seiner geliebten Kappen besorgt und dafür genau diese Summe ausgelegt hatte. Hätte Delia nicht reflexartig bei ihrer Mutter nachgefragt, die jahrzehntelang die Chef-Rolle in der Familie innehatte, sondern bei Theo – er hätte tatsächlich sofort Bescheid gewusst. Damit rechnet irgendwie immer noch keiner. Theo grinst über solche Begebenheiten.

Die Arbeit an diesem Buch ist für Ute und Theo aufreibend. Sie gehen miteinander gedanklich noch mal all die gemeinsamen Jahre durch. Jeder von beiden muss es aushalten, die Wahrnehmung des anderen zu hören und so stehen zu lassen. Ein großes Thema für Theo ist es, zu erkennen, wie schwer der Alltag für Ute war. Er sieht jetzt klar, was er durchaus immer geahnt hat: dass er für sie und alle anderen oftmals eine große Last war. Was Ute wiederum so nicht stehen lassen will.

Ute   Manchmal ist Theo schon sehr anhänglich. Gerade durch die Arbeit an diesem Buch erfährt er, wie belastend die Jahre für mich waren. Immer wieder sagt er mir jetzt, dass er sieht, wie schwer ich es hatte, offenbar aus Dankbarkeit, aber darum geht es ja eigentlich nicht. Ich bin sicher, Theo hätte für mich das Gleiche getan. Aber schön ist es trotzdem, dass er mir ab und zu Blumen mitbringt und sagt: „Ich finde, das war mal wieder an der Zeit. Schön, dass wir immer noch zusammen sind."

Dennoch habe ich nicht mehr den Eindruck, dass ich vorgehe und Theo mitschleppe. Wir gehen gemeinsam. Und manchmal legt Theo seinen Arm um mich. Einfach so, auf offener Straße, während Timnas Traugottesdienst oder mitten in unserer Küche. Wie lange habe ich mich danach immer gesehnt? Jetzt ist es wieder so vertraut wie damals, als wir jung waren. Und doch anders. Weil ich das Wissen dieser inzwischen 40 gemeinsamen Jahre in mir habe.

Was Ute und Theo erlebt haben, ist nicht nur eine starke Liebesgeschichte, es ist auch eine starke Glaubensgeschichte, die selbst ihren Traupastor nachhaltig beeindruckt hat. Willi Weinert schreibt dazu: „Es gibt ihn, den Glauben, der allen Verstand übersteigt, und es ist ermutigend, solchen Menschen zu begegnen. Der Glaube und das Vertrauen von Ute sind für mich ein unvergesslicher Meilenstein in meiner eigenen Geschichte geblieben. Die wunderbare Heilung von Theo hat meinen persönlichen Glauben gestärkt und mich ermutigt, auch in

aussichtslosen Situationen viel von Gott zu erwarten." Starke
Worte.

Für Ute bleibt das Gebetserlebnis im Jahr 1982 der zentrale
Moment dieser Geschichte. Die Stimme, die sie hörte, gab ihr
die Kraft durchzuhalten, unbeirrt an Theos Heilung zu glauben
und sich immer wieder zu sagen: Er wird gesund werden. Sie
legte nicht die Hände in den Schoß und wartete auf das Wunder; die Erinnerung an den besonderen nächtlichen Moment in
der kleinen Dachgeschosswohnung trieb sie immer wieder an
weiterzumachen, Tag für Tag.

Ute *Wenn ich heute an jene Nacht zurückdenke, als ich die Gewissheit erfuhr, dass Theo wieder gesund wird, fühle ich mich genauso geborgen und hoffnungsvoll wie damals. Dieser Satz „Er wird
gesund werden – und er wird ganz gesund werden – und sie werden
sagen, die Ärzte waren es, aber vergiss nie, dass ICH es war!" hat sich
sofort in mir festgesetzt und durch die Jahre begleitet. Er war unser
Startkapital für ungestüme 25 Jahre und hatte Kraft für uns beide,
für Theo und für mich, die Hoffnung nie aufzugeben.*

Man mag sagen, die Geschichte von Ute und Theo Jäger ist so
speziell, dass sie nicht als Vorbild für andere Krankheitsverläufe
dienen kann. Vielleicht sogar ein Wunder, egal, ob göttlich oder
medizinisch. Doch das ist sie nicht, und Ute und Theo sind die
Letzten, die das behaupten würden. Ja, die beiden haben einen
schweren Schicksalsschlag gemeistert: Theo fiel in jungen Jahren ins Koma und es war absolut unwahrscheinlich, dass er
wieder aufwacht. Als er es gegen alle medizinischen Prognosen
doch tat, unglaublich schnell wieder zu Kräften kam, folgte die
nächste Herausforderung, die nächste Bürde: Theo fehlt die Fähigkeit, sich auf Neues einzustellen und sich an gerade Erlebtes
zu erinnern.

Dass Theo und vor allem Ute diese Aufgabe, die das Leben
an sie stellte, angenommen haben, lässt sich im Nachhinein so

leicht als Patentrezept verkaufen. Man vergisst im Rückblick, wie viele Momente es gab, in denen es so aussah, als werde Theo nie wieder ein völlig normales Leben führen – 25 lange Jahre voller kleiner und großer Missverständnisse, Pannen, Ausreden.

Sich jeden Tag wieder erneut Mut zuzusprechen, sich zu motivieren, das ist die eigentliche Leistung, übrigens von beiden. Ute hat sich anfangs von Tag zu Tag gehangelt, sich gezwungen, nicht zu viele bange Zukunftsängste zuzulassen, um sich nicht lähmen zu lassen für das, was aktuell anstand. Es war ihr oft zu viel, sie war oft enttäuscht und auch manches Mal sehr aufgebracht, wenn ihr wieder einmal klar wurde, dass sie ein Leben im Ausnahmezustand führten, so normal es auch aussehen mochte. Aber sie hat immer wieder Wege gefunden, Kraft zu tanken.

Und ohne Theos Ehrgeiz, jeden Tag ein wenig besser zu werden, ein bisschen sicherer zu laufen, ein Stückchen mehr vorzulesen, einen neuen Text auswendig zu lernen, wäre er am Ende sicher nicht wieder so gesund geworden, wie er es heute ist. Es ist nicht einfach ein Wunder mit ihnen geschehen, sie haben selbst aktiv zu dieser wunderbaren Heilung beigetragen.

Das, was anfangs so besonders dramatisch wirkte, nämlich dass Ute und Theo in so jungen Jahren mit einer existenziellen Krise konfrontiert waren, die normalerweise erst ab Mitte 40 auf dem Lebensplan steht, hat sich als Glücksfall erwiesen. Denn gerade Utes jugendliche Unbedarftheit, ihre Fröhlichkeit und ihre Lebenslust haben sie in mancher Situation genau richtig handeln lassen. Sicher, ihr starker Glaube hat ihr ebenfalls Halt gegeben. Aber wie viele Menschen hätten in einer solchen Situation eher mit Gott gebrochen, als über Jahrzehnte darauf zu vertrauten, dass die im Gebet gehörte Zusage wahr wird? Auch hier hat Ute die Klarheit gehabt, ihren Glauben nicht aufzugeben.

Es sind eine Vielzahl von kleinen Entscheidungen, die Ute und Theo im Laufe der Jahre getroffen haben. Und dabei hatten sie einen inneren Kompass, der ganz klar auf einen Pol ausgerichtet war: Wir als Paar halten aneinander fest, wir wollen zusammen durchs Leben gehen und füreinander da sein. Es gab Phasen, da hätte Theo das so noch nicht formulieren können, gehandelt hat er dennoch danach. Zum Beispiel, als Patientinnen und Therapeutinnen ihm Avancen machten. Als er Ute verkündete, Hausmann zu werden, um sie zu entlasten. Oder später bis an seine Grenzen ging, um wieder arbeiten zu können. Stets war er getrieben von dem Willen, wieder in die innige Verbundenheit mit Ute zu gelangen. Den letzten Schritt dazu ist er an jenem Tag im August 2007 bei Ikea gegangen. Er hat seine Todessehnsucht endgültig überwunden und ist zurückgekehrt ins Leben.

Sommer 2014. Im täglichen Guten-Morgen-Chat berichtet Ute ihren Töchtern, dass sie gerade über den Titel für ihr Buch nachgrübelt. Sofort entfacht sich zwischen den Mädchen ein Ideenfeuerwerk. Ute und Theo sitzen an ihrem Esstisch in Paderborn und empfangen im Minutentakt neue Vorschläge via SMS. Sara simst aus Berlin: „A small woman with a long story". Delia antwortet aus Bielefeld: „He woke up but always tried to sleep." Und aus Fürth kommt von Timna: „Und dann schreiben die Zeitungen: Ehemann flüchtet in den Himmel. Frau reist ihm nach und holt ihn zurück!"

Ute und Theo lachen Tränen. Tränen des Glücks.

Epilog

Ute Im Mai 2013 liegt ein Magazin vom adeo-Verlag auf dem Küchentisch, an meinem Lieblingsplatz in unserer Wohnung. Auf dem Cover ist die Biografie von Samuel Koch abgebildet, drinnen weitere Neuerscheinungen. Jedes Mal, wenn ich dort sitze, schaue ich mir das Heft an und höre in Gedanken eine Stimme: „Dort fehlt noch dein Buch!" So geht es Tag für Tag, zwei Wochen lang. Ich finde die Vorstellung eigentlich anmaßend und unvorstellbar, will sie verwerfen, aber so ganz lässt mich der Gedanke nicht los. Schließlich gärt die Idee, ein Buch zu schreiben, schon sehr, sehr lange in mir. Ein Buch, in dem Theos und mein Erleben nebeneinanderstehen.

Davon erzähle ich wenige Tage später einer Freundin. Sie bietet mir an, den Kontakt zu ihrem Bekannten Stefan Wiesner vom adeo-Verlag herzustellen. „adeo, das gibt es doch nicht!" Kurze Zeit später befinde ich mich mit dem adeo-Programmchef in einem lebendigen Mailaustausch über ein mögliches Buchprojekt.

Die Entstehung dieses Werkes lässt mich, wie so vieles, was in den letzten 30 Jahren passiert ist, staunen. Schon als ich auf der Intensivstation an Theos Bett stand, war ich mir bei allem Schmerz auch der Besonderheit des Augenblicks bewusst und hielt meine Erlebnisse fest, indem ich eine Zeit lang Stichworte über wichtige Tagesereignisse in meinen Taschenkalender eintrug. Aber die Zeit war noch nicht reif und ich hatte mit unserem Alltag ohnehin mehr als genug zu tun.

Nachdem Theos Buch „Vom Sterben zurück" im Jahr 2009 erschienen war, bin ich häufig gefragt worden, wie ich das alles erlebt habe. Freunde schenkten mir im Herbst 2012 sogar ein Netbook, damit ich während der täglichen Zugfahrten zwischen Paderborn und Höxter meine Erlebnisse aufschreiben konnte. Die unvermutete Unterstützung hat mich beflügelt, die unglaubliche Geschichte von Theo und mir endlich zu Papier zu bringen.

Danke

Während der letzten Jahrzehnte gab es viele liebe Menschen, die uns ein Stück des Weges begleitet haben und die ich gar nicht alle mit Namen nennen kann. Seht es mir bitte nach!

Wir haben von Ärzten, Pflegepersonal und Therapeuten nicht nur fachliche Versorgung erfahren, sondern auch sehr viel Einfühlungsvermögen und Menschlichkeit. Danke.

Nie werde ich außerdem vergessen, wie von Anfang an unser damaliges Pastorenehepaar Barbara und Willi Weinert sowie unsere Gemeinde so selbstlos um mich bemüht waren. Wie sie sich untereinander abwechselten, um mich in die Kliniken zu fahren. Wie sie uns in ihre Gebete einschlossen und andere Gemeinden in ganz Deutschland um Fürbitten für uns baten. Danke für deinen Beitrag zu diesem Buch, lieber Willi!

Wie dankbar bin ich außerdem unseren Familien für alle praktische Hilfe und liebevolle Zuwendung! Für das Halten, aber auch für das Loslassen.

Nicht vergessen habe ich unsere Arbeitskollegen, Vorgesetzte (wo findet man schon einen Chef, der bei voller Bezahlung Stunden erlässt, damit der kranke Partner besucht werden kann!), Bekannte und Freunde. Gerade auch im Rückblick sind mir noch einmal so viele Situationen eingefallen, in denen ich von euch und Ihnen unterstützt und geschützt wurde.

Mein Dank auch an euch, Sara, Delia und Timna, dass ihr die Freiheit hattet, euch für dieses Buch zu öffnen.

Es ist für mich das größte Wunder, dass ihr trotz allem so wunderbare Menschen geworden seid!

Für deinen offenen und ehrlichen Beitrag zu diesem Buch auch dir vielen Dank, Bettina Bieritz. In den vielen Jahren, die du als

Freundin der Familie in unserer Mitte verbracht hast, müssen wir dir oft furchtbar anstrengend vorgekommen sein. Danke für deine Freundschaft.

Das gilt ebenso für meine langjährige Freundin Ute Aland. Und danke, dass du deinem Impuls folgend den Kontakt zum adeo-Verlag hergestellt hast.

Der adeo-Verlag und besonders Stefan Wiesner haben uns fürsorglich während der Entstehung des Buches begleitet. Dank auch dafür.

Bettina Klee hat sich von Anfang an bemerkenswert einfühlsam in unser Erleben hineindenken können und es dann so treffend in Worte gefasst. Gemeinsam sind wir noch einmal durch die Höhen und Tiefen, die Theo und ich miteinander erlebt haben, gegangen. Wie wohltuend, dich an unserer Seite gehabt zu haben!

Nun sind Theo und ich beim Erscheinen des Buches 40 Jahre zusammen. Ein unvorstellbar langer Zeitraum und doch irgendwie kurz. Danke, dass du es mit mir ausgehalten hast, Theo! Dass du nicht müde geworden bist, mir nachzulaufen.

Angemessene Worte zu finden, um mich bei dem zu bedanken, der uns durch die Stürme des Lebens gelotst hat, fällt mir schwer, obwohl ich aufrichtig dankbar bin. Aber ich möchte nicht verschweigen, wovon ich zutiefst überzeugt bin: „Wir fallen, stehen aber wieder auf. Von allen Seiten werden wir von Schwierigkeiten bedrängt, aber nicht erdrückt. Wir zweifeln, sind ratlos, aber verzweifeln nicht."* *Genau so habe ich es erlebt. Es zieht sich wie ein roter Faden durch mein Leben. Es gibt ihn, diesen einen Gott, der mit mir unterwegs sein möchte.*

Ute Jäger
Oktober 2014

---

* In Anlehnung an 2. Korinther 4, 8

Nachwort und Dank

Kurz vor ihrem 60. Geburtstag wurde bei meiner Mutter Morbus Alzheimer diagnostiziert. Das war Mitte der Neunzigerjahre, als auf dieser Krankheit noch das Stigma „schwachsinnig", „dumm", „hat es am Kopf" lag. Weit bevor Fußballmanager ihre Diagnose in den Medien bekanntgaben und Alzheimer so zu einem enttabuisierten gesellschaftlichen Thema machten.

Wir fanden zwar ein Pflegeheim mit einer Dementenstation für sie, darüber hinaus waren mein Vater, mein Bruder und ich jedoch auf uns gestellt: Was bekommt sie selbst von ihrem Zustand mit? Ist sie einsam dort, freut sie sich über unsere Besuche? Und: Erkennt sie uns, obwohl sie schon seit Jahren nicht mehr unsere Namen sagt? Es gab verzweifelte, ernüchternde, ärgerliche und schöne Momente mit ihr in den folgenden zwölf Jahren, in denen wir drei einander immer wieder sagten: Wir glauben, dass sie unsere Nähe spürt. Wenigstens das. Aber sicher waren wir nicht.

Das bin ich erst jetzt, nach der Arbeit an diesem Buch. Theo hat bei aller Verwirrtheit seiner Wahrnehmung ganz klar erlebt, wie Ute ihm Nähe und Geborgenheit gab. Dass das Band zwischen Ute und Theo trotz der Schädigung seines Gehirns nicht zerriss, gibt mir nachträglich das beruhigende Gefühl: Auch meine Mutter hat unseren Halt und unsere Wärme gespürt. Danke, Ute und Theo, dass ihr bereit wart, eure Geschichte zu erzählen.

Bettina Klee, Oktober 2014

Viten

Foto: Markus Pletz

Ute Jäger
geboren 1958, gelernte Industriekauffrau, arbeitet an der Hochschule Ostwestfalen-Lippe in Höxter und lebt mit ihrem Mann Theobald Robert Jäger in Paderborn.

Theo, Jahrgang 1957, studierte nach der Ausbildung zum Fernmeldehandwerker Physik an der Universität Göttingen. Aufgrund der Gehirnblutung 1982 musste er das Studium aufgeben; heute ist er Beamter bei der Deutschen Telekom AG. Das Paar, im Januar 2015 seit 40 Jahren zusammen, hat drei erwachsene Töchter und ein Enkelkind.

Foto: Ben Lamberty

Bettina Klee
Jahrgang 1968, ist Redakteurin des People-Magazins „Gala".
Die Journalistin und Autorin hat zwei Kinder und lebt in Hamburg.

Inspiration.
Das adeo Magazin.

- Gespräche mit Autoren und Künstlern
- Leseproben aus neuen Büchern
- Erscheint zweimal im Jahr und ist kostenlos erhältlich

adeo – ein Programm, das zum Durchatmen einlädt, zum Innehalten, zum Nachdenken und zum Genießen. Echtes. Authentisches. All das finden Sie im adeo Magazin. Es erscheint zweimal im Jahr, ist kostenfrei und liefert Ihnen eine Fülle von Inspiration in Form von Hintergrundberichten, Autoren- und Künstlergesprächen oder Buchauszügen.

Fragen Sie Ihren Buchhändler danach, oder fordern Sie das Magazin einfach gratis an: www.adeo-verlag.de/magazin

Es war uns nicht möglich, bei allen in diesem Buch erwähnten Personen eine ausdrückliche Erlaubnis zur Nennung ihres Namens einzuholen, deshalb haben wir die Namen geändert.

Verlagsgruppe Random House FSC® N001967
Das für dieses Buch verwendete FSC®-Papier *Munken Premium Cream*
liefert Arctic Paper Munkedals AB, Schweden.

© 2015 by adeo Verlag
in der Gerth Medien GmbH, Asslar
Verlagsgruppe Random House GmbH, München

1. Auflage März 2015
2. Auflage Juli 2015
Bestell-Nr. 835040
ISBN 978-3-86334-040-7

Umschlaggestaltung: Gute Botschafter GmbH, Halten am See
Innengestaltung und Lektorat: Stefan Wiesner

Fotos im Bildteil: privat;
Seite 7 und 8: Markus Pletz

Satz: Greiner & Reichel, Köln
Druck: GGP Media GmbH, Pößneck
Printed in Germany